100年かけてやる仕事

中世ラテン語の辞書を編む

小倉孝保　Takayasu Ogura

プレジデント社

英国学士院の学術出版担当責任者、ジェームズ・リビングトン。完成した当時の中世ラテン語辞書は分冊17冊、重さは11.6kgにもなった。

1960年代から中世ラテン語辞書編集に携わっていたアブリル・パウエル。主に「G」の項目を担当した。

完成した中世ラテン語の辞書を手にとるリチャード・アシュダウン。プロジェクト最後の編集長を務めた。

「C」から「T」まで最も長い範囲を担当した二代目編集長、デビッド・ハウレット。辞書作りは畑仕事に似ていると言う。

撮影：小倉孝保

1215年に制定されたマグナ・カルタ（大憲章）は、英語ではなく中世ラテン語で書かれている。（Photo/Getty Images）

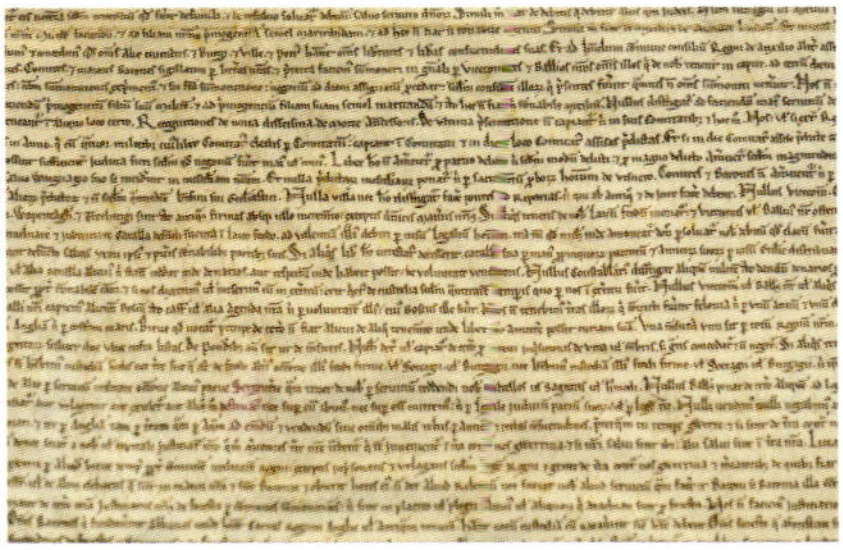

現存する4つの原本のうち、最も明瞭なものとされる、ソールズベリー大聖堂所蔵のマグナ・カルタ。（Photo/Getty Images）

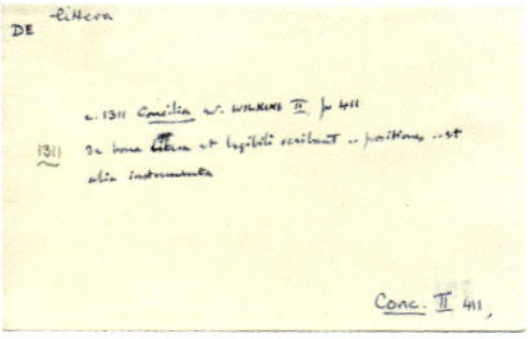

辞書づくりの際、「ワード・ハンター」たちが使った“スリップ”と呼ばれる単語カード。写真は最も多くの言葉を集めたバーナード・ウィンスロップ・スイスィンバンクのもの。2万〜3万語を集めた。（Photo/DMLBS）

英国学士院が100年の年月をかけて完成させた中世ラテン語辞書。全3巻、4100ページ。オックスフォード大学出版局刊。（Photo/DMLBS）

１００年かけてやる仕事

はじめに

「今、何を追いかけているの？」

取材中のテーマについて友人から聞かれる。

僕はこう答える。

「ラテン語の辞書。英国の中世ラテン語辞書だよ」

すると反応はみな同じだ。

「……？」

馴染みのない題材にしばし沈黙。しばらくして口を開く。

「中世ラテン語って何？」

「ローマ時代のラテン語と違うの？」

「そもそもなぜ、今ラテン語なんだ？」

そして、最後はいつもこうだ。

「ところでお前、ラテン語できたっけ？」

正常な反応である。

自慢ではないが僕はラテン語どころか、ラテン語系言語とされるフランス語、スペイン語、イタリア語、ポルトガル語を何一つ理解しない。その僕がなぜ今、中世ラテン語辞書プロジェクトについて書くのか。個人的体験から「書きたい」と思い始め、日本社会を見ているうちに、その考えは強まるばかりだった。


英国学士院（ブリティッシュ・アカデミー）が作成した中世ラテン語辞書の存在を知ったのは、日本の新聞社のロンドン支局を拠点に取材活動をしていたときのことだ。この辞書は百年かけて完成している。英国にある中世のすべての文献からラテン語を集める壮大なプロジェクトである。言語を集めてきたのはボランティアたち一般市民だった。

百年もの時間をかけて、誰のために辞書をつくったのか。ラテン語は話し言葉としてはすでに死んでいる。辞書をつくったところでさほど需要は見込めない。ましてや絶対にもうけにはならない。そんな活動に誰が何を目的に資金提供したのか。ボランティアの市民たちは無報酬の言葉集めに、どんな動機で参加したのだろう。自分たちの生きている時代に完成しそうもない、つまり自分たちが使うあてもない辞書をつくることになぜそれほど精力を傾けたのか。その興味から、僕は英国やアイルランドで関係者に話を聞いて回った。

二〇一五年七月に日本に帰り、東京本社の編集部門で働くようになった。最初は国際ニュースを扱う外信部の部長、そして一八年四月からは朝刊や夕刊の編集長の立場になった。その日に起きた事件や事故について、締め切りに間に合わせなければならない。時間に追われる毎日だった。

仲間と共に新聞をつくるのは楽しい作業である。出来上がった紙面を読むのは幸せだった。他社にない特ダネ、多くの人に価値のある記事を載せた新聞を手にしたときの充足感は何ものにも代え難い。ライバル社に抜かれることもある。そうしたネタを追いかけるのもまた時間との競争である。ばたばたと作業をして、何とか裏取りをして翌日の紙面に掲載する。それはそれで刺激的な作業だった。

ただ、満足を感じながらも、あまりに刹那的な作業の反復に正直むなしさを感じることも少なくなかった。ばたばたした日常にものを深く考える習慣がなくなっていくことへの不安があった。絶え間なくやってくるニュースに、機械的に反応して目の前の課題をこなしているだけではないか。そういう一種の焦りに似た感覚に襲われることがあった。インターネットへのニュース配信が始まってからはそれに拍車がかかった。何が大切であるかを考えることもないほど、時間に追われることに慣れてしまっている。自分の時間を生きていない。刹那を生かされている。

情報化社会の今、瞬間ごとに新しいニュースが更新される。世界はつながり、地球の裏側で起きた出来事が瞬時にニュースとなって届く。社会の関心は新しい情報に移る。半日もすると、僕たちのつくった新聞は古い紙切れ同然だ。ネットのニュース記事も次々に新しいものに差し替えられていく。食品には賞味期限があるが、報道記事のそれは半日、長くても一日程度だ。新鮮さが売り物であるぶん、時間の経過と共に劣化するのも速い。その劣化速度は鮮魚以上かもしれない。

自分たちのつくった新聞が急速に古くなっていく。夜中に朝刊制作を終えて、早朝に帰宅する。昼ごろ目を覚ますと世の人たちの関心はすでに別の新しいニュースに移っている。そうしたむなしいほどのスピードを日々、体感しながら、僕は時折、英国で中世ラテン語辞書プロジェクトに関わった人々を取材したときのことを思い出すことがあった。そんなとき紙にプリントアウトして保管していた彼らの言葉を読んでみる。

「競争よりも協力を大切にすべきときがあるはずです」

「言えることは、お金のために辞書をつくったのではないということです」

「人類にとって有益なことに携われるチャンスはそれほど多くありません」
「記録された歴史を完全なかたちで後世に引き継ぐのです」
「考古学が興味深く、やりがいある作業であるのと同様、辞書編集は刺激的なのです」

彼らは時間に縛られず、とことん原典に当たることを自らに課していた。事実上締め切りのない現場だった。スピードよりも正確性を重視していた。古い文献から立ち上ってくる過去の人々と対話しながら、それを後世に伝える作業を続けていた。僕たちの仕事が鮮魚にこだわる水産業だとすると、中世ラテン語辞書プロジェクトは過去の遺産を守って木を植え、未来のために山をつくる林業だった。緑豊かな山は新鮮な空気をつくり、見る人に精神的な安らぎを与える。

山をつくるには数十年から数百年の時間がかかる。短期的な経済指標でその価値を計ることは難しい。人類にとってなくてはならない大切なものだが、普段はその重要性を意識しない。中世ラテン語辞書づくりはまさにそんなプロジェクトだった。

猛烈なスピードで世界は回っている。それに振り落とされないよう、世界から飛び込むニュースに目配りをしながら、僕は中世ラテン語辞書をつくった人たちのように、ゆっくりと時間を生きることの価値を改めて認識することが少なくなかった。漁師的な刺激を楽しむ一方、精神のバランスを取るためにも山をつくる作業に思いをはせていた。

考えてみれば、時間に追われているのは何も新聞社だけではない。マスコミはもちろん金融や商社の現場も時間との闘いだ。飲食業者や運輸業者は僕たち以上に厳しい締め切りと格闘している。比較的長期的視野が持てるはずのメーカーや研究機関でさえ最近は効率化を求められ、短期的に利益を上げることを期待されている。どこもかしこもスピード重視で効率主義。短期的に成果が見込めないものは価値がないと判断され、市場からはじき飛ばされてしまう。

英国で辞書をつくっていた人々の言葉を反芻しながら、ゆっくりと時間を過ごすことの大切さ、速度よりも正確性を追求することの重要さ、短期的成果が見込めなくとも価値あるものは存在することに気付くことの必要性を見直してみたかった。言語の木を植え、山をつくった人たちの言葉を多くの人たちと分かち合いたかった。僕が中世ラテン語辞書プロジェクトを「書きたい」と思った動機はこのあたりにある。

日本社会に身を置きながら、僕たちは山をつくることを忘れてしまったのではないかと思うことが多かった。

例えば森友学園問題での財務省による公文書の改ざんである。あまりに歴史を馬鹿にしていると思った。後世の人々への裏切りである。時の政策に間違いは付きものだが、それを後でチェックして、さらに大きな失敗を回避することこそ重要だ。正確な公文書を残すことはその環境を整える第一歩だ。公文書改ざんは歴史への敬意や後世に対する責任を放棄していると思った。

広告代理店大手「電通」で入社一年目の女性社員が過労自殺に追い込まれる事件があった。女性社員は一カ月間の時間外労働が百時間を超え、労災認定もされている。直接的な原因は会社が適正な労務管理を怠ったことだろう。ただ、その背景には同業他社とのすさまじい競争がなかったか。クライアントの注文には何を置いても応えねばならないというバランスを欠いた意識があったのではないか。過労死や過労自殺は電通だけの問題ではなく、日本社会に巣くった病理である。人間性を喪失してまで過酷な競争を許容する社会がまともであるはずはない。

また、東芝の巨額粉飾決算事件や自動車各社の検査データ不正事件では、企業によるうそやごまかしの体質が明らかになった。時間がかかっても正確なものをつくり、正しい決算や検査を行うという本来、当たり前のことが組織防衛の論理を前に通用しなくなっている。

ソーシャル・ネットワーキング・サービス（ＳＮＳ）の発達で誰もが情報を発信できる

ようになる一方、真偽を確認しない情報が拡散している。情報の源に確認することをせず自分の好む情報を発信し、受け取る方も自分の好みに合わせて情報を選ぶ。ヘイトスピーチや災害が起きるたびに問題になるデマは、そうした病んだ社会が産み落とした現象だろう。

市場原理主義で効率を最優先する社会である。短期間に成果を上げなければ価値なしとされる。時間をかけて真実を確認したり、後世の人々のためになるものをつくったりする意識が薄れている。中世ラテン語辞書の編集者たちは身体を動かし、とにかく地道に原典に当たって確認することを心がけた。そうした姿勢と正反対の行為が現在、社会を席巻している。

中世ラテン語の辞書は百年という時間をかけた文化事業である。市場経済では計れない価値が芸術や文化の世界にはあることを教えてくれる。長い時間をかけて、ゆっくりと少しずつ人々がつくり上げてきたものの中には、数字では計れない重要性がある。言葉は広く、便利に使われながら日ごろ、さほど重宝がられていない。今も世界中には絶滅に瀕した言語がある。そんな中、古い言葉を集めて、保存していくことを英国の一部の人々は大切にしてきた。言語を採取した人たちは何の見返りも求めず、「必要だからやる」「好きだから言葉を集める」という姿勢で取り組んできた。自分の時間の何分の一かを後世のために使ってきた。

本書は中世ラテン語、歴史、辞書に携わる人々を描いたノンフィクションである。欧州におけるラテン語の重要性、ギリシャ・ローマ文明に欧州の人々が抱くあこがれに似た感覚を現代を生きる人々の言葉を通じて伝えている。だが、僕の興味はラテン語や辞書そのものにあったわけではない。中世ラテン語辞書プロジェクトは日本社会を映す鏡だと思った。その鏡を通して個人の生き方、働き方のヒント、企業や国の社会での役割を考えてきた。どんな生き方、働き方が人間を幸福にするのだろう。中世ラテン語辞書作成に携わった人々を訪ねた時間は、僕にとって生き方、働き方へのヒントを求める旅だった。

目次

第Ⅰ章　羊皮紙のインク

英語ではなかったマグナ・カルタの原本

体育館ほどの広さの、その部屋は氷を張ったように静かだった。

大都市の中心部にありながら、なぜだか車のエンジン音や観光客の声も届かない。

二〇一五年二月五日朝。

ロンドン中心部ウェストミンスターにある英国議会貴族院の展示室。観光名所ビッグベンの隣、テムズ川に面した薄暗い部屋におよそ五メートル間隔で柔らかな明かりがともっている。その数は四つ。照らされているのは「法の支配」を説いたマグナ・カルタ（大憲章）だった。制定（一二一五年）から八百年になるのを記念し、現存する原本四部が初めて議会に集められた。部屋に広がる静寂は、八百年の重みを感じさせるに十分だった。

国会議員や一部メディアに原本が公開されるのに合わせ、展示室の隣で簡単なセレモニーが開かれた。ジョン・バーコウ下院議長はこう挨拶している。

「本日ここにマグナ・カルタの原本すべてがそろったことは記念すべきことです。法の支配、徴税の制限などマグナ・カルタには民主主義の基本があります」

独特のダミ声を絞り出すように語るバーコウの言葉からは、民主主義の源流を持つことへの誇りが伝わってきた。

マグナ・カルタは「王の権力」の制限を規定した文書である。文書に署名したのはイングランドのジョン王。この王は大陸の領地を失ったことで「欠地王」「失地王」と呼ばれ、イングランド史上最悪の王と評されている。英国でジョンを名乗る王が二度と現れていないことが、この王の評価を物語っている。

マグナ・カルタについて説明しよう。

ジョン王は一二一四年、「ブービーヌの戦い」でフランス王のフィリップ二世に敗れてフランス内の領地を失う。そこで税を取り立てようとしたジョン王に貴族や市民が反発して廃位を求めた。このとき貴族と市民の代表者らが王に突きつけたのがマグナ・カルタである。ジョン王は最終的に、この文書に署名して事態の収拾を図るしかなかった。

全文は前文と六十三条から成る。主な内容は次のようなものである。

〈イングランドの教会は自由であり、その諸権利はこれを完全に保持する〉（一条）

〈王の決定だけで軍役代納金、援助金名目の税金を課すことはできない〉（十二条）
〈ロンドンなど自由都市は関税を自分たちで決定できる〉（十三条）
〈いかなる自由人も判決か国法によらなければ、逮捕あるいは投獄され、または所持物を奪われ、または追放されない〉（三十九条）

こうした条項の底流にあるのは、「王といえども絶対ではなく、法の下にある」という原則だった。これが現代に続く「法の支配」の源流となり、基本的人権の尊重や立憲君主制を定めた英国憲法（慣習法）を構成し、その精神は米国の独立宣言にも影響を与えている。

マグナ・カルタは市民（議会）にとって王に対抗できる「武器」だった。言葉による「武器」四部をこの日、議会に結集できたことが、バーコウたち議会人や教会関係者ら、そこに集まった人々の興奮を呼んでいたのはたしかだろう。

普段、この原本四部はロンドンの大英図書館（二部）、英南部ソールズベリー大聖堂、英東部リンカン大聖堂の三カ所で保管されている。バーコウに続いてソールズベリー大聖堂の司祭、ジューン・オズボーンはこう述べた。

「わたしどもの大聖堂からマグナ・カルタが外に出るのは初めてのことです。『法の支配』の精神を確認するにあたり、議会に集められることには意味があると考えました」

先に見たとおり、マグナ・カルタの第一条は教会の自由を謳っている。英国のキリスト教関係者にとってマグナ・カルタの重要性は説明するまでもない。そのため、ソールズベリーとリンカンの両大聖堂は長年、この文書を守り通してきた。当事者にとって、「門外不出」のこの文書を今回、教会から出したことの意味は大きい。民主主義を象徴する「議会」にマグナ・カルタを結集させることを重視すべしとの考えが共有された結果だった。オズボーンだけでなく次々と挨拶に立つ関係者の言葉からは、そうした思いがにじんだ。

約三十分の式典が終わると招待客はゆっくりと展示室に案内された。

僕も貴族院議員らにまじって中に入った。天井の高さは約十五メートル。靴音さえ聞こえない。写真撮影は禁止されている。招待客たちは四つの明かりに吸い寄せられるように光の下に集まり、八百年の時間に考えを巡らせた。

まず、僕は大英図書館のマグナ・カルタが置かれたガラスケースをのぞき込んだ。変色した羊皮紙にインク字が並んでいる。羊皮紙の大きさは縦三十センチ、横五十センチ程度。羊皮紙全体が黒くくすんでいて字の判読は困難だ。次にリンカン大聖堂のものに移る。こちらの羊皮紙は縦横約四十センチのほぼ正方形。インク字は大英図書館のものよりやや読みやすい。そして、ソールズベリー大聖堂のガラスケースをのぞく。羊皮紙は縦五十センチ、横四十センチほど。インク字は鮮明である。
どの文書も一文字の大きさは数ミリ程度。紙の黒ずみやインクのかすれ具合にかなりの差がある。文字はアルファベットだが文章は英文ではない。羊皮紙に記されたのは当時の読み書き専門の言語、中世ラテン語だった。そもそもこの文書はタイトルからしてラテン語なのだ。「マグナ」とは「大」、そして「カルタ」は「憲章」。イングランド王がイングランドの貴族、市民に約束した文書が英語ではなく中世ラテン語で記されている。英国だけでなく当時のヨーロッパでは、それぞれの土地の言語は野蛮な方言（ヴァナキュラー）と考えられ、宗教や文学、王室に関連した文書に使用するには不適切とされてきた。今では「古典」と呼ばれるギリシャ語やラテン語こそが知的表現に耐えうると考えられたのだ。

自分が生きているうちには終わらない仕事

ガラスケースぎりぎりに顔を近づけ文字を追っていた僕の頭に、一カ月ほど前にインタビューしたある人物の言葉がよみがえった。

「英国では中世、公文書や教会の文書、そして研究発表はすべて中世ラテン語で書かれていました。そうした文書を現代人が正しく理解するには完全な辞書が必要です。中世ラテン語の辞書なくして英国の古文書は一つも理解できません。近代に入っても書き言葉としてラテン語は広く使われ、ニュートンが万有引力の法則を発表したときのレポートを理解するにも辞書が必要です。もちろんマグナ・カルタやドゥームズデイ・ブック（世界初の土地台帳）にも完全な辞書が必要なのです」

こう語ったのはオックスフォード大学でラテン語を教えるリチャード・アシュダウンだった。ドゥームズデイ・ブックは日本人にはマグナ・カルタほどの馴染みはないが、イングランド王国を征服したウィリアム一世が行った検地の結果を記録した世界初の土地台帳である。最初の台帳がつくられたのは一〇八五年。英国史の基礎文献であるこのドゥームズデイ・ブックも中世ラテン語で表記されている。

英国は二〇一三年末、準国家プロジェクトとして『英国古文献における中世ラテン語辞書』を完成させた。アシュダウンはこの辞書の最後の編集長だ。驚くことに辞書の作成プロジェクトが始動したのは第一次世界大戦が始まる前年の一九一三年。つまり辞書の完成までに費やされた時間はちょうど百年である。

日本の時間軸で考えるなら、日露戦争前に辞書の必要性が叫ばれ、徳川幕府最後の将軍、慶喜が亡くなった大正二年にプロジェクトが始動。そして、第一次、第二次大戦、戦後の混乱と経済復興、バブル経済とその崩壊を経て初めて辞書が完成している。その間、英国で首相に就いたのはハーバート・ヘンリー・アスキスからデビッド・キャメロンまで十九人（複数回首相を務めた者あり）、日本では山本権兵衛から安倍晋三まで五十五人（同）。ロンドンでは二回のオリンピック（一九四八年、二〇一二年）が開催され、日本では冬期を含め三度の五輪（一九六四年東京、一九七二年札幌、一九九八年長野）が開かれた。

中世ラテン語辞書プロジェクトを推進したのは英国の人文科学系学者たちでつくる英国学士院だった。この団体が政府の財政支援を受けながらこつこつと百年にわたり辞書を編んできた。その間、英国は二度の世界大戦を経験し、それでもプロジェクトは途切れることなく継続された。

欧州には時間をたっぷりとかけて辞書をつくる伝統がある。フランス学士院は十七世紀にフランス語の辞書作成に五十五年の歳月を費やした。現在、最も大きな英語辞書である『オックスフォード英語辞典（ＯＥＤ）』は完全版発行までに七十一年かかっている。グリム兄弟が始めた一大事業『ドイツ語辞典』に至っては一八三八年の編集開始から完成までにかかった時間は百二十三年である。英国の中世ラテン語辞書プロジェクトはこのドイツ語辞典に匹敵する大事業といえるだろう。

二〇一四年秋、ロンドンで新聞を読んでいて、「中世ラテン語辞書作成プロジェクトが百一年ぶりに完了」という小さな記事を見つけた。英国に暮らしていると時折、時間軸の長さに驚かされることがある。三百年以上前に建てられた住宅に暮らす人は珍しくないし、役所に申請すると二百年以上前の公文書を簡単に見せてくれる。そうした英国人の感覚に慣れた僕でも、「世紀をかけた辞書づくり」の記事には心揺さぶられた。随分息の長いプロジェクトである。経済の採算性を初めから度外視しているとしか思えない。現代社会は経済効率を優先し、あらゆるプロジェクトが経済合理性を基準に計られる。パソコンのクリック一つで情報は瞬時に世界を巡り、瞬間ごとに意思決定を迫られていく。スピードこそ命。それに乗り遅れるのは愚鈍な者とみなされかねない。お金に換算できない限り、価値あるものと認めず、しかも短期的な利益が見込めなければやる価値はない。やや極端なとらえ方かもしれないが、僕は今の世の中にそうした風潮が蔓延している、もしくは蔓延しつつあるように感じていた。そういう時代に生きていればこそ、百年をかけた辞書づくりに興味が膨らんだ。今すぐ直接、誰かに、何かに、役立つというものではないにもかかわらず、そうした対象に精力を傾け続けた人がいることこそ大切だと思えた。

英国の一部の人々はこの一世紀という時間を、一冊の辞書を仕上げるために使ってきた。初期にこの辞書づくりに携わった人たちは、自分の生あるうちに辞書が完成しないことを知っていたはずだ。そうした人々は自分のためではなく後世のためだけに辞書づくりに励んだことになる。自己利益にならないことに、多大な時間やエネルギーを費やしている。

現代の価値基準からはかなり外れたことをやってきた人たちがいる。そうした人々は何が楽しくて自分の時間を削ってまで後世のために生きようとしたのだろう。一体、どんなことに幸せや充実感を覚えたのだろう。一銭の見返りも期待できない作業に長時間、没頭できた理由は何なのだろう。僕はそれが知りたかった。ひょっとするとそうしたことに力を注ぎ込むことこそ人間的な営みであり、僕たちが幸福を感じられることなのかもしれないと思った。

二〇一四年暮れ、僕はロンドンの英国学士院にアシュダウンを訪ねた。前年末に辞書が完成し、一四年九月には残務整理も終わっていた。このプロジェクトは辞書そのものの完成に百年、そして、事務処理を含めた全プロジェクト終了までにさらに一年かかっている。インタビューは正式にプロジェクトに幕が下り、アシュダウンが編集長の任を解かれたタイミングで行った。

「ワードハンター」と呼ばれる人たちの存在

英国学士院はロンドンのトラファルガー広場の西約二百メートル、紳士クラブが集まる一帯の白い四階建ての建物に本部を置いている。一八三〇年に建てられた建物は一九〇五年にフランス古典主義様式で建て替えられている。

建物はかつて、英国貴族リドリー家が所有していた。一九一四年に第一次大戦が勃発したとき、リドリー夫人はここを病院として提供して負傷兵の治療に利用した。ロンドンの近代史を見続けてきた建物である。

玄関を入るとすぐ左側に、病院として利用された当時の様子を伝える写真が並んでいた。僕は録音機材やカメラのほか、物差しとヘルスメーター（体重計）を持参していた。

アシュダウンが玄関で迎えてくれた。すぐに学士院内の図書室に案内してもらう。さまざまな辞書類が並ぶ書棚の一角に、百年をかけて完成した辞書があった。アシュダウンがそれを引っ張り出して説明する。

「歴代編集長はみんな、自分の代でこれを完成させることを願っていました。プロジェクトには多くの一般市民がボランティアとして参加しています。完全な辞書をつくりたいというみんなの願いの結晶がこれです」

辞書はアルファベット順の項目に続いて語源とその言葉の歴史、それぞれの意味が英語で表記されている。中世ラテン語は読み書き専用の言葉であるため、発音記号は記されていない。

第一巻「Ａ―Ｂ」から最終巻「Ｓｙｒ―Ｚ」まで十七分冊。全四千七十ページに収められたのは約五万語、引用は約四十二万例になる。基本は中世ラテン語の意味や語源を分析しているが、中には古典ラテン語でありながら、中世になって使い方や意味の変化した言葉も多く、それは「CL（古典ラテン）」と表記されている。英国では古典ラテン語の使用は西暦二〇〇〜六〇〇年、その後、中世ラテン語の時代に入る。

僕はアシュダウンから辞書を受け取り、物差しで大きさを測った。縦三十・五センチ、横二十三センチ、厚さはそれぞれの巻によって微妙に異なるが全十七分冊を並べたときの厚さは計二十四センチ。ヘルスメーターに載せると重さは十一・六キログラムにもなった。

「取材にはいつも物差しとヘルスメーターを持って行くんですか？」

アシュダウンが真面目な顔で聞いてきた。そんなことあろうはずがない。つねにヘルスメーターを持ち歩く記者がいたら変人扱いされるのがおちだろう。前もって学士院に辞書の重さを問い合わせたが、よくわからないという。院内に重さの測定器があるかどうかも確認したが、それも不明といわれたのでヘルスメーターを持ってきたまでだ。

周りを見渡すと高い天井まで書棚が並び、それぞれの棚に重厚な古い書籍が整然と並んでいる。書籍には音を吸収する作用でもあるのかと思わせるほど室内は静かである。部屋の中央にあるテーブルをはさんでアシュダウンから話を聞く。

「辞書づくりが始まったのは一九一三年です。英国の知識人の多くが当時、新しい中世ラテン語辞書の必要性を認識していました。二百年以上、まともな辞書がつくられていなかったためです」

英国の知識人はそれ以前、一六七八年作成の『中世ラテン語辞典』を使っていた。この辞書はフランス人ラテン語学者、デュ・カンジュによって編纂されている。英国人ラテン語学者の中には、英国人のつくった本格的な辞書がないことに不満もあったようだ。英国人がつくった場合、当然英国の古文献からラテン語を採取することになる。英国文献のラテン語の意味を集中的に確定していくことで、英国人にとってより使いやすい辞書になるのは間違いなかった。

アシュダウンは結果的に百年にわたった辞書づくりの源流となる一人の英国人の名を挙げた。

「当時の状況に不満を抱いていたのが英国人ラテン語学者、ロバート・ウィトウェルでした。彼が学士院に本格的なラテン語辞書作成のアイデアを出す一方で、タイムズ紙上で議会に対し理解を呼びかけたのです。一九一三年四月のことです」

英国には最大で最高の英語辞典として不動の地位を占める大辞典『オックスフォード英語辞典（ＯＥＤ）』がある。一八五七年に編纂がスタートし、現在も新語を中心に辞書づくりの続くこの辞典には、多くの市民が「ワードハンター（言語採取者）」として参加している。さまざまな文献から言葉を抜き出し、その使われ方、用例をカードに書き記すボランティアだった。

ウィトウェル自身、十九世紀後半、ワードハンターとしてOEDの語彙集めに奔走していた。彼一人で一八七九年からの五年間に約一万七千用例を集めている。その過程で、彼は英国人の手で完全な中世ラテン語辞書をつくる必要性を認識し、OEDと同じやり方で中世ラテン語辞書をつくろうと思い立ったようだ。

ウィトウェルがタイムズ紙で呼びかけた文書は一九一三年四月七日に掲載された。要約すると次のような内容である。

〈この二百五十年以上、歴史、法律、医学、哲学、宗教、中世文学を学ぶ学生たちはシャルル・デュ・フレーヌ（デュ・カンジュ）の仕事に頼ってきた。デュ・カンジュは一六七八年に『中世ラテン語辞典』を出版した人物である。

今こそオックスフォード、ケンブリッジ、ロンドン、リバプール、マンチェスター、セントアンドルーズなどの各大学は、学生たちに装備を提供しようではないか。学生というのは、歴史や文学の形成過程を学ぶのに最良の時期であり、彼らは人類の思想を習得するための難題を解決する資格を持っている。わたしは昨日、議会に対しそれを提案し、今ここで読者にそれを明かしている。

各地の協力者が文献を集め、ボランティアたちが言語を採取する。この方法の成功は、『オックスフォード英語辞典』の例が示している。今年一月一日までに出版されたこの辞典を見ると、約百三十六万五千の引用例のおそらく七分の六はアマチュアの人たちによって採取されている。

今回のプロジェクトは英国学士院会員の多くに支持されている。今こそ、議会がこのプロジェクトを実行に移すことを期待している〉

そして英国学士院は次のようにボランティアを募集した。

〈英国学士院の中世ラテン語委員会は一定のラテン語知識を持っている人の協力を求める。英国、アイルランドの人々が書いた古典以外のラテン語を初めて採取する作業である。完成すれば、それは学生たちにとって大きな価値を持つ。そのためには、ボランティアの協力が不可欠である。ボランティアの仕事は文献を読み、適当な言葉を書き留めることである。もちろん中世をテーマとしている研究者の援助も歓迎する。時間のない専門家からは、専門分野についてコメントをもらうだけでも歓迎である〉

ラテン語を採取するボランティアには当然、ラテン語の知識が必要である。ＯＥＤのような英語の辞書に比べ、ボランティアを集めることは容易でないはずだ。この点についてアシュダウンが説明する。

「このプロジェクトのアイデアが生まれた二十世紀初め、英国の知識階層は例外なくラテン語を身につけていました。学校の教員、聖職者、弁護士、公務員、軍幹部、科学者などラテン語に精通している人は現在では考えられないほど多かった。そのためワードハンターを確保するのは比較的容易だったと思います」

正確な数字は不明だがアシュダウンによると、ラテン語採取に加わったボランティアは百～二百人になる。

「最も多くの言葉を集めた人物は特定されています。バーナード・ウィンスロップ・スインバンク（一八八四～一九五八年）という男性です。彼が集めた中世ラテン語は二万～三万言語と考えられています」

スイスインバンクは第二次世界大戦前、英領インド内の一つの州だったビルマ（現在のミャンマー）で地域弁務官を務めていた。中世ラテン語辞書作成プロジェクトを熱狂的に支持し本を読んでは、ビルマからスリップ（言語の意味や出典を記したカード）を本国に送り続けた。ゾウに乗りながら本や書類を読み、中世ラテン語を探していたとの逸話もある。

赴任先には中世の文献が少なかったのだろう。スイスィンバンクは本を送るよう、プロジェクト事務局のあった英国学士院に何度も催促している。

「彼から届いた電報が二枚、保存されています。一九四〇年と四一年の電報です。おそらく、依頼に従い本を送ってもらったのでしょう。電報の一つは小包が届いたことを報告しています。もう一つは、英国ブラックウェルで船積みされた本が行方不明になったと連絡してきています」

スイスィンバンクのほかにも言語採取に貢献した人はいる。ジョン・サマーズ・ドルー（一八七九～一九四九年）は第一次世界大戦の英雄で、独学で歴史を研究した人物である。このドルーについては、「無視された歴史家」という論文がある。

バーバラ・ターンブルという人物が書いた論文によると、ドルーはロンドン北部ハイゲートに生まれた。若いころから虚弱体質で学校に通えないこともしばしばだった。大学への進学をあきらめ、十七歳で家族が経営する事業を手伝うようになる。家族はロンドンのシティとピカデリー・サーカスで高級旅行用品と銀細工の店を営んでいた。

ドルーは結果的に一度も高等教育を受けていない。ただ小、中学生のとき、ラテン語の基礎を学び、独りでこの言語を深めていった。軍人として第一次世界大戦に従軍したドルーはその後、歴史に興味を持つ。一九二〇年代から三〇年代にかけ彼はハンプシャー州の中世史にのめり込んだ。その後、中世の農業史と中世農業用語の研究を進めながら、せっせと中世ラテン語を集めてはスリップ（カード）に書き留めて英国学士院に送り続けている。

そのほか、一九五〇年代にエセックス州の公的記録人を務めたキャノン・ジョン・ライオネル・フィッシャー（一八八七〜一九六九年）も多大な貢献をしたことがわかっている。彼らは純粋に無報酬でワードハントに取り組んだ。見返りを期待せず、献身的にラテン語を集めた。あたかも昆虫採集を趣味とする人たちが森に分け入り、崖を登りながら昆虫を追い求めるがごとく、古文献のページを開いてはラテン語を採取してきた。

総力戦の間も脈々と

最初に出版された分冊は「A―B」である。ただ、アシュダウンによると項目「A」の部分よりも、「B」の方が先に仕上がっていた。

「おそらくAで始まる言葉がBよりも多く、しかも難しかったためだと思います」

たしかに辞書の項目はアルファベット順に並んでいるが、編集は項目順どおりに進められるとは限らない。意味の近い項目や関係の深い項目ごとに編集していくケースもあった。

「例えば、『ビール』という言葉について調べているとします。そのときは、ビールに関係する言葉を続けて調査します。その横で別の編集者が、『城』であったり、『幸福』であったり、まったく別の言葉を調べるのです。『A』で始まる項目について作業をしているから、全員がアルファベット順に『A』を調査、確認するというわけではありません」

アシュダウンは副編集長就任後、週にスリップ百五十枚の処理を目標にしていた。一時間に四枚、十五分に一枚を仕上げる計算になる。辞書編集は手作業で行われたため、決してゆっくりとした作業ではない。アシュダウンが、「手作業でやっていた証拠を見せましょう」と言って、「D」のページを開いた。

「daemon（悪魔）」の次に「Daedaleus（ダイダロス＝ギリシャ神話の職人＝にふさわしい）」が続いている。

「よく見てください。三文字目の『e』の次です。『m』が『d』の前に来ています。順番が逆になってしまっているんです」

アシュダウンは照れたような表情を浮かべた。コンピューターに頼る現代では起こりえないミスだった。しかし、この語順の誤りから伝わるのは、「失敗」よりも手づくりの温かみのような気がした。プロジェクト成功の理由を彼はこう説明した。

「戦争中も財政の苦しいときも細々とでも、とにかく継続したことでしょうね」

こうしたプロジェクトは一旦止まってしまうと、そのノウハウや歴史を知る人がいなくなり、再始動は困難になる。二度の大戦は英国にとって試練だった。特に第二次世界大戦は国の存亡をかけての総力戦であった。この辞書づくりはその間も細々と継続されてきた。国を挙げて戦っているとき、中世ラテン語に没頭する人を残していたことで辞書づくりのノウハウは引き継がれ、関係者の間には何としてでも完成させねばという意識が共有されてきた。

十七分冊の総価格は計六百九十ポンド（取材時の為替レートで約十二万円）である。ボランティアを含め数百人が世紀をかけてつくり上げたことを考えると、この価格は割に合わない。もしも民間企業がこのプロジェクトに取り組んだとすると、完成した辞書は高価すぎて誰も購入できない不思議な辞書になってしまう。ラテン語辞書づくりを通して見えてくるのは、市場原理とは異なる価値が社会には存在するという事実だった。

貴族院展示室で、僕はアシュダウンの言葉を思い出しながら、マグナ・カルタの文字を目で追った。

〈国民は法か裁判によらなければ自由や生命、財産を侵されない〉
〈王の決定だけでは税が徴収できない〉

辞書づくりに携わった人々は、こうした中世の精神を次世代に引き継いだ。羊皮紙からは、人々の願いが立ち上ってくるようである。八百年前の大憲章が民主主義の基礎原理として生きている。辞書づくりに関わった人たちは中世ラテン語だけでなく大憲章の精神というバトンも後世に手渡したことになる。

一見すべてが効率や市場原理を優先させているように思える現代だが、市場原理や経済合理性では計れない価値はたしかに存在する。人間には、どこかで市場原理一辺倒の考えに抗いたいとの思いがある。中世ラテン語辞書の完成がそれを証明している気がしてきた。中世ラテン語辞書づくりに携わった人々の考えを追う中で、そうした隠れた思想が見えてくるかもしれない。それを期待しながら人々を訪ねる旅に出てみることにした。

第II章　暗号解読器の部品

生きた証は「G」

マグナ・カルタを見た日の午後、一人の女性を訪ねた。ロンドン中心部のリバプール・ストリート駅から一時間五十分。ノーリッチ駅に着くと小雨が降りだしていた。

中世ラテン語辞書づくりの取材を始めた僕は、歴代編集長や副編集長から情報を収集するうちにある女性の名を耳にする。アブリル・パウエル。一九六〇年代から辞書づくりに携わっていた彼女は、生存者の中で最も早い時期の辞書づくりを知る人物だった。

ノーリッチ駅から車でパウエルの自宅に向かう。約束の時間ちょうどに到着すると、彼女は小さな家の玄関で待っており、「お待ちしておりましたよ」と上品な言葉をかけてくれた。一九二一年生まれ。間もなく九十四歳になる。少し耳が遠いと聞いていたが会話に問題はなさそうだ。

ピンクのカーディガンを羽織ったパウエルは、「ようこそ、ようこそ」と言いながら僕を書斎に招き入れてくれた。書棚には古い本が並んでいる。パウエルは下の段から、重そうに中世ラテン語辞書を抜き出し、それを机の上に置いた。

「わたしの生きた証です」

と言ってパラパラと「G」のページを開いた。

『G』のページには特別な思い入れがあります。ここに編集者としてわたしの名前が小さく載っているでしょう。そう、ここです。『G』はわたしの集大成なのです」

彼女がこのプロジェクトに参加したのは一九六七年である。

「夫のレイモンドは歴史学者でした。二〇〇八年に亡くなりました。彼が六〇年代にビクトリア州史という本を編集していて、子育てを終えたわたしもそれに協力していたのです。そのとき中世ラテン語辞書のプロジェクトを知ったんです。夫から、『ロナルド・レイサムという人が中世ラテン語辞書をつくっている』と聞かされたと記憶しています」

パウエルは夫を手伝い、ビクトリア州の歴史と格闘していた。ただ、本来は歴史よりもギリシャ・ラテン語に興味があった。そのため、夫から辞書プロジェクトについて聞くとすぐに初代編集長、ロナルド・レイサムに電話をしてアシスタントとして働きたいと伝えている。

「ロナルドからすぐに来るよう言われました。面接や筆記などラテン語の試験を受けると思ったんです。ロナルドはまず、一緒に昼食を食べようと言いました。そして、食べ終わると、彼は、『じゃあ、今から働いてもらうよ』って言ったんです。結局、ラテン語能力は一度も試されなかったですね」

ニュートンの論文も中世ラテン語で書かれた

ラテン語は古代ローマの言葉である。「ラテン」とはローマ市を含む地域の名（ラティウム）に由来し、現在もその地域の州名はラツィオだ。ラテンとはラツィオ地域の言葉という意味なのだ。

古代ローマは紀元前四世紀、現在のローマ市を中心に勢力を固め、その後、欧州、北アフリカ、中東に拡大した。二世紀ごろの勢力図を見ると、欧州ではイングランド、ベルギー、フランス、スイス、スペイン、ポルトガル、セルビア、マケドニア、ギリシャ、ハンガリー、ルーマニアなどに広がり、アフリカではモロッコ、アルジェリア、チュニジア、リビア、エジプト、そして中東ではパレスチナ、レバノン、シリア、トルコなどを勢力下に入れている。この一大国家の公用語として使われていたのがラテン語だった。

ラテン語はすでに話し言葉としては消滅しているが、欧州を中心に今なお世界の言語に影響を与え続けている。ラテン語の子孫言語と考えられているイタリア語、フランス語、スペイン語、ポルトガル語、ルーマニア語はもちろん、ゲルマン語の流れをくむ英語やドイツ語、オランダ語への影響も小さくない。

英語の場合、面白いのはラテン語から直接、影響を受けた言語と、フランス語を経由したものがあり、そのため二つの言葉がよく似た意味で使われるケースがあることだ。例えば、「たしかな」とか「確実な」という意味の英語に、「sure」と「secure」がある。由来となったのはラテン語の「securus」で、これを直接英語に取り入れたのが「secure」、フランス語を経由したのが「sure」である。

日本語は欧州の言語とはまったく異なる歴史を経ているため、ラテン語からの影響は限定的である。それでも日本人は意識しないまま、日常的にラテン語由来の言葉に触れている。例えば、「人間的」を意味する「ヒューマニズム」は、ラテン語の「人間（homo）」から生まれた英語である。科学の世界で人間のことを、「ホモ・サピエンス」と呼ぶのもラテン語から来ている。利己主義のことを「エゴイズム」と呼ぶが、これはラテン語の「わたし（ego）」が語源となっている。さらに馴染みあるものとしては、「巨人対阪神」などの場合に使う「対」を示す言葉として「vs」がある。これはラテン語の前置詞、「～に対する（versus）」に由来する。午前や午後を表す、「am」「pm」はラテン語の「正午

(meridiem)」の前(ante)、後(post)という意味である。

大帝国を築いたローマも三九五年、テオドシウス一世の死で東西に分裂し、四七六年にはゲルマン人の攻撃を受けて西ローマ帝国が滅亡する。これによってローマの軍事や政治面での影響力はほとんどなくなるのだが、その後もラテン語は欧州各地で生き続けた。ローマ・カトリック教会が教典の言葉としてラテン語を使用し続けたためである。ローマの宗教的影響力に付随するかたちでラテン語が今も存在しているのだ。

ラテン語の歴史は古く、紀元前七世紀ごろに生まれたと考えられている。これが「アルカイック・ラテン語」と呼ばれ、紀元前三世紀から二世紀ごろに生まれたラテン語について、「オールド・ラテン語」と呼ぶことが多い。その後、登場するのが古典ラテン語である。古典以前のラテン語を古ラテン語と呼ぶことがある。

そして、西ローマ帝国滅亡後、各地域の言語に影響を受けながら使い続けられたのが中世ラテン語だった。教会や役所の公文書のほか、哲学や科学の発表論文も中世ラテン語で書かれてきた。話し言葉としてのラテン語は存在しなくなっても、ラテン語は書き言葉として生き長らえた。その言語の基本はあくまで古典ラテン語であるが、長年地域の言語や文化の影響を受ける過程で、中世ラテン語はそれぞれの地域で微妙な変化を遂げてきた。

例えばイングランド、ウェールズ、アイルランドの母語はそれぞれ英語、ウェールズ語、アイルランド語である。それらの地域ではラテン語はあくまで後から学んだ言語である。そのため、時代と共に中世ラテン語の文法や語彙に少しずつ変化が見られる。それぞれの地域にはラテン語にはない事象や概念があった。それをラテン語で表記するとき既存の言語を借りて、新しいラテン語をつくることがあった。英国文献の場合、英語やフランス語、古典ラテン語、ケルト語などを基につくられた中世ラテン語が多い。

近代英国の科学者、アイザック・ニュートンの有名な論文「自然哲学の数学的諸原理」は英国における中世ラテン語で書かれている。この中で、ニュートンは「反作用」という意味で、「reactio」を使っている。これは英語のリアクションに近いことがすぐにわかる。ラテン語では反作用は、「redactio」である。また、ニュートンは、「動かす」という意味で、「motrici」と書いている。正式なラテン語では「movere」である。ニュートンは、古典ラテン語から見ると乱れたラテン語で論文を書いた。こうした例でわかるとおり、さまざまな地域で微妙に乱れながらラテン語は使われてきた。木曽川が本流とは別に南派川と北派川に分かれ、利根川から江戸川や中川が分かれるように、本川であるラテン語はそれぞれの地域で中世ラテン語という派川になったと考えればわかりやすいかもしれない。

一方、大陸では中世になってもラテン語の変化は比較的少なかった。フランスやイタリア、スペインではラテン語の子孫語を使っていることもあるが、それに加えフランク王国の二番目の王朝で八世紀から十世紀まで西欧を支配したカロリング朝の影響が大きかった。特にカール大帝（七四二〜八一四年）はラテン語を帝国の正式な言語とすることに熱心で、そのためカロリング朝の影響下にあった地域の公文書には八世紀から十二世紀ごろまで、古典ラテン語がそのまま使われたケースが多い。そうした地域でも十二世紀を過ぎると、徐々に中世ラテン語と呼ばれる言語が現れてくる。

作業はおしゃべりをしながらのんびりと

パウエルの採用を決めたレイサムは、『英国古文献における中世ラテン語辞書』プロジェクトの初代編集長である。一九二〇年生まれだから、パウエルの一つ年長になる。イングランド北東部ニューカッスルの高校を卒業し大学でギリシャ・ラテン語を学んだ。長年、公文書保管事務所（ＰＲＯ）に勤務し一九六七年に中世ラテン語辞書編集長になった。ペンギン・クラシック・シリーズでローマ時代の詩人・哲学者であるルクレティウスやマルコ・ポーロの書物の翻訳を手がけたほか、イングランドのキリスト教聖職者、ベーダ・ヴェネラビリス（六七二〜七三五年）について書いた歴史書の改訂作業にも携わっている。自身でも『文明の探求』と題した本を書き、編集長を退いた十五年後の一九九二年に亡くなった。

パウエルは最初から編集に携わっていたわけではなく、まずはタイピストとして働いている。

「ロナルドが緑のボールペンで原稿を書きます。それをタイプするんです。タイピストとして特別の訓練なんて受けたこともなかったんですが、一生懸命やりましたね。ロナルドの原稿は、とても読みやすい文字でした」

当時、辞書の編集作業はロンドン中心部チャンスリーレーンにあったＰＲＯの一角で行われていた。ボランティアを中心としたワードハンターがＰＲＯや各地の教会、図書館にある古文書から中世ラテン語を集め、それをスリップと呼ばれるカードに書き込み、学士院に送っていた。それがこのころにはＰＲＯで保管されるようになっていた。スリップは縦三インチ（約七・六センチメートル）、横五インチ（約一二・七センチメートル）。ここに手書きで言葉、用途、原本の何ページにこの言葉があるのかなどを記している。このスリップを基にレイサムが一語一語、使い方などをチェックして言葉の意味を明確にして用例を確認する。パウエルはそれをタイプするのだ。週に三日、彼女は電車でノーリッチからロンドンまで通った。さらに原稿を持ち帰ることも多く、自宅でタイプしては、それをＰＲＯまで持ってきてレイサムに手渡していた。

パウエルはイングランド南西部デヴォン州エクセターという小さな町で生まれた。一九三九年、オックスフォード大学ヒューカレッジに入ってギリシャ・ラテン語を学び四三年に卒業。しばらくラテン語を教えていたが結婚して家庭に入り、二十八歳でエセックス州に引っ越した。

彼女が辞書プロジェクトのスタッフになったころ、キティ・トンプソンという女性が副編集長として働いていた。トンプソンはレイサムの指示を受けると、各地の図書館や教会に出向いてはスリップにある言語について原典で確認する作業を続けていた。パウエルは当時をこう懐かしんだ。

「スタッフに風変わりな人が二、三人いたんです。その中でキティはとてもしっかりしていました。大学教授の夫と死別して独り身でした。ラテン語の知識が飛び抜けているというわけではないのですが、資料の整理では彼女が大変な貢献をしました」

この当時、ほとんどのスリップはすでに届いていたが、パウエルが編集作業に加わった六〇年代後半になってもまだ新たに持ち込む人がいた。その一人にクウェール大聖堂の牧師、ファザー・ホッケーという人物がいた。彼が出入りしていた当時のエピソードにこんなものがあった。

「キティがよく怒っていたんです。ファザー・ホッケー牧師がスリップを持ってやってきます。そしてわたしたちと雑談をするんですが、彼はキティのことをいつも、トーマス夫人って呼んでいたんです。トンプソン夫人なのに、トーマス夫人って呼ぶのです。トーマス（Thomas）とトンプソン（Thompson）、英語では綴りが似ているでしょう。いつも間違えるんです。キティはそう呼ばれると、『次に同じことを言ったら、わたしはファザー・ラクロスさんと呼んでやるから』と言っていました」

こうした冗談を言い合いながら、スタッフは辞書づくりに励んでいた。

「とても充実した時間でした。昔ながらのやり方で、さほど急がされるということもなかった。みんな一生懸命、働いていました。コンピューターが登場する前でしょう。だから全体にゆったりとしていたように思います」

ワードハンターが集めた言葉がスリップに記され、そのスリップは靴の箱に似たボックスに収められている。編集長のレイサムと助手のトンプソン、パウエル、そのほか二、三人のスタッフがスリップにある手書きの文字を読み、一つひとつ原典に当たりながら、その意味や用例が間違っていないか確認していく。

「のんびりしたものでした。いろんなことについて知的なおしゃべりをしながら作業を進めていました。とても楽しい時間です。誰から急かされることもない。思えば、いい時代でした」

しかし、パウエルが加わって数年したころ、作業チームの空気が変化する。編集に時間がかかりすぎることに対し、英国学士院から不満が聞かれるようになったのだ。

レイサムが編集長に就いた一九六七年当時、関係者の間では「あと十年程度で完成できる」との見方が支配的だった。しかし、数年後にはこの計画があまりに楽観的であることが明らかになる。最初の巻である「A―B」の出版の目途さえ立っていなかった。

「（初代編集長の）ロナルドの完全主義が作業を遅らせた面はあると思います。とにかく彼は完璧な辞書をつくろうと考えていました。優秀なラテン語学者で博学でした。彼こそ、学者の中の学者だったと思います。何でもよく知っている。ただ、観念主義者であり現実主義者ではありません。事務的なことはほとんどできなかった。十年程度で完成するというのはあまりに馬鹿げた見通しでした。ボランティアの市民から届いたスリップは膨大なのに、それを編集するスタッフが少なすぎました。どれだけ大変な作業なのか、学士院はわかっていなかったと思います」

八年かけてようやく「A—B」が完成

レイサムは学者の子として生まれた。母方の先祖にはジェイムズ・マレーがいる。マレーは『オックスフォード英語辞典（ＯＥＤ）』の制作がスタートしたころの編集長である。つまりレイサムは言語学の世界では、血統書付きの人物だった。

彼は地元の高校を卒業するとオックスフォード大学ベリオール・カレッジでギリシャ・ラテン語を学んだ。このカレッジは経済学者アダム・スミスを輩出したことでも知られ、オックスフォード大の中でも人気が高い。レイサムの成績は終始優秀だった。

レイサムは大学に入学して初めて、イングランド南部に足を踏み入れた。そのため話し言葉には終生、故郷のなまりが残っていた。ニューカッスルなまりは「ジョーディー」と呼ばれ、英国人でも聞き取れないとされるほどだ。第二次大戦下、英国第八軍が南アフリカに駐留していた際、ニューカッスルの連隊は暗号を使う必要がなかったという逸話が残っている。

鹿児島や青森から東京の大学に入った学生が故郷の言葉を使い続けるのに似ているだろうか。研究以外には頓着しないレイサムのまっすぐで実直な性格が感じられる話だった。とても純粋な人物で、自分を着飾ったり大きく見せたりすることはなかった。洗練されたところは微塵もなく、身なり振る舞いに気を遣うことを無駄とでも考えているようだった。機械を使うことが苦手でタイプライターさえ十分に使いこなせなかった。何でも手書き。とにかくラテン語だけに関心を向ける人物だった。

この辞書プロジェクトに加わる前のレイサムは、公文書保管事務所（ＰＲＯ）で副責任者の立場にあった。ＰＲＯは一八三八年、政府や裁判所の資料を保護し保管することを目的にロンドン中心部チャンスリーレーンに設立された。この地域は高等裁判所や弁護士協会などのある法曹界の拠点地区だ。英国は成文憲法を持たず、慣習法を憲法としている。その慣習法は政府や王室の過去の関連文書、裁判記録を基礎にしており、資料はすべてＰＲＯで保管されていた。つまり、ＰＲＯは英国憲法の保管場所でもあった。そのため、法曹地区であるチャンスリーレーンにＰＲＯは置かれていたのだ。

ＰＲＯが設立されたことで、すべての公文書がここに集積されることになった。ウェストミンスター寺院など教会にあった一部資料もここで保管された。設立から十三年後には、チャールズ・ディケンズやトーマス・マコーリー、トーマス・カーライルなど英国を代表する著述家や歴史家計八十三人がＰＲＯの資料を自由に閲覧できるよう署名請願している。そうした動きを受け、まずは学術目的で法的資料や歴史的資料を自由に無料閲覧できるようになり、一八六六年には市民の閲覧も可能になった。一九七七年から順次、ロンドン西部のキューに移され、より多くの資料を保管する機能を加えて二〇〇三年、国立公文書館になっている。パウエルは懐かしそうにこう語った。

「ＰＲＯの副責任者時代、ロナルドは膨大な中世ラテン語の資料を保護する役割を負っていたようです。昔の資料を開いては、珍しい言葉を見つけるのが好きで、よくそうした言葉をノートに書き記していました」

こうしたレイサムの言語採取癖を知った英国学士院が、彼を中世ラテン語辞書プロジェクトの初代編集長に指名した。プロジェクトは英国学士院の事業であり、そこに政府が補助金を支出していた。英国学士院には、このプロジェクトのために委員会が設置され、そこで作業を監視・監督する態勢が取られた。委員会はギリシャ・ラテン語や歴史学の専門家数人で組織された。すでに述べたとおり、レイサムが編集長に就任して数年が過ぎたころには、学士院が見込むほど簡単にはプロジェクトが進まないことが明らかになる。すると学士院内の委員会とレイサムの関係がぎくしゃくし始め、そのうち両者の関係は修復不可能なまでになった。

「資金問題だったと思います。いつになったら完成するんだという学士院からの圧力がロナルドにのしかかるようになりました。しかし、彼はそんなことに気が回る人じゃない。それで彼に対する学士院の不信感がますます大きくなっていったのです」

パウエルが言うように、レイサムの頭は、「完璧な中世ラテン語辞書」をつくることだけに支配されていた。そのため彼は「英国の中世ラテン語」だけでなく、「古典ラテン語」までも、その辞書の対象にしようと考えていた。編集長のこうした非妥協的姿勢が作業を遅らせた面は否定できなかった。

レイサムの編集長就任から八年が経った一九七五年、「A―B」がようやく出版された。この最初の分冊には、委員会の第二代委員長、ハロルド・ジョンソンが挨拶文を寄せている。それは、

〈この辞書は一九一三年以来の努力の積み重ねの産物である〉

と始まり、ロバート・ウィトウェルがこのプロジェクトを提案して以来の経緯が細かく綴られている。そして、ジョンソンはボランティアとして言語採取に当たった人々へ次のような賛辞を送っている。

〈ボランティアとして文献を読み込んだ人々に負う面は極めて大きい。膨大な文献から五十年以上にわたって骨の折れる作業をしてもらえた。しかも、その文献の多くは印刷される以前のものだった。こうした作業をしてくれた人々やさまざまな問題を解決してくれた学者たちに対し、最大限の賞賛を送りたい〉

ジョンソンはこれを書いた直後の一九七三年十二月十九日、心臓発作で急死する。四十三歳の若さだった。

彼の死はレイサムの運命にも影響を及ぼした。ジョンソンはレイサムのPRO勤務時代の上司だった。そのためジョンソンはつねにレイサムをかばってきた。ジョンソンの急死によってレイサムは庇護者を失うことになった。

効率化のプレッシャー

一九七〇年代は英国の財政が厳しい時期にあった。国営企業は国際競争力を失い、財政は悪化の一途をたどっていた。こうした背景からレイサムへの圧力が高まっていく。そうした中でのジョンソンの死だった。学士院委員会には編集長を更迭すべきとの声さえ強まっていく。パウエルは言う。

「学士院のやり方はとてもいやらしいものでした。ロナルドはまだまだ編集をやれる年齢でした。わたしが見た限り、あと五年はやれたはずです。それなのに新しい編集長を据えることにしたのです」

英国は七三年のオイルショックの波をもろに受けた。七六年には財政破綻し、国際通貨基金（ＩＭＦ）から融資を受けるという屈辱を味わっている。

英国の財政が最悪の時期に編集長を務めたレイサムは結局、一九七七年末に編集長を退任している。まだ五十七歳。事実上の解任だった。昔ながらのスタイルでゆっくりといい仕事をするレイサムのやり方を、時代はもはや許さなくなっていた。ゆっくりと紅茶を飲みながらラテン語のことだけを考えるレイサムのやり方は、効率という経済観念が前面に打ち出された、新しい時代のスピードにはじき飛ばされることになった。

英国ではかつて地下鉄の運転士さえ時折、熱い紅茶を飲みながら任務に就いていた。そのために駅には熱湯の出る設備が用意されていたほどだ。多くの人は、「そんなことをやっていたから英国はだめになった」というだろう。たしかに英国は七〇年代半ばまで労働組合が国を動かすほどの力を持ち、大きな組合の同意なしには主な政策が執行できない状況にあった。それが経済の停滞を招き、国際競争力を極端に失わせた面は否定できない。「英国病」と呼ばれるこうした状況を正しいとは思わない。

一方で、何でも競争第一、効率化がすべての社会もまた病んでいると思える。二〇〇五年に起きたJR西日本福知山線での列車脱線事故は、一、二分の遅れを取り戻そうと運転士が定められた速度（時速七十キロメートル）を大幅に超えて時速百十六キロメートルでカーブに入り、曲がりきれずに起きた大惨事だった。外国人はもちろん多くの日本人も、「なぜその程度の遅れを取り戻そうと、そこまで無理をする必要があるのか」と運転士のやったことが理解できなかったはずだ。でも、僕は彼の感覚がわかるような気がするのだ。

僕は新聞記者として九七年から九九年にかけてＪＲ西日本を担当していた。当時、この会社では運転士が止まるべき駅で電車を通過させてしまうオーバーランが問題になっていた。オーバーランさせると多くの場合、電車を停車駅までバックさせる必要があり、数分から数十分の遅れが発生する。ラッシュアワーでは分刻みで電車が動いているため、電車一本の遅れが後続の何本もの電車の遅れにつながる。

関西の鉄道は厳しい競争にさらされている。福知山線事故の起きた尼崎のある阪神間では、ＪＲ、阪急、阪神の三社が神戸・三宮と大阪・梅田を並行して結んでおり、競争は特に厳しいものとなっていた。八七年に国鉄から民営化したＪＲ西日本は、この競争に打ち勝つために徹底した労働者管理が必要だと考えた。赤字を垂れ流してきた国鉄時代の反省から労働組合対策が急がれ、それが労働者の管理につながった。オーバーランなどミスを犯した運転士に対して、「日勤教育」の名の下に懲罰的な再教育が課せられ、社員は人間の尊厳を踏みにじられるような訓練を受けなければならなかった。

当時、ＪＲ西日本幹部にこの教育制度について、「そこまでやる必要があるのか」と疑問を投げかけたことがある。そのときの労務担当者の言葉が忘れられない。

「徹底して厳しくやらなければ、どうなると思いますか。彼らはさぼり始めますよ。現場の人間がさぼるとどうなりますか。信号を見落とし車両の異常にも気付かないようになるんです。会社がぎりぎりまで厳しく教育することで安全が保たれているんです」
彼の言葉から社員への信頼は感じられなかった。労働者を機械のように考えていると思った。国鉄時代の反省が社員を人間扱いできない体質を生んでしまったと思えた。

競争を無視しては経営が成り立たないことはわかる。ただ、競争が行きすぎた場合、労働者を追い込み、過剰な負担を個人に押しつけることになる。その結果、どんなことが起きるのか。競争が行きすぎた場合、安全よりも危険性を極端に増大させてしまうことは福知山線事故を見れば明らかだろう。難しいことだが、競争と協調の間で適度にバランスを取るしか正解はないはずだ。

もちろんＪＲ西日本ほどの競争原理主義、効率優先主義ではなかったが、中世ラテン語辞書プロジェクトにも、そうした考えを完全に無視できない状況が生まれた。英国の地下鉄でも運転士たちは紅茶を飲みながら車両を動かすことはできなくなった。そして、中世ラテン語辞書の編集現場では、レイサムが編集長を事実上解任された。プロジェクト現場から去った彼はそれ以降、亡くなるまでの十五年間、一人のラテン語研究者として辞書の完成を心待ちにしながら、後輩編集者の相談に乗る日々だった。

彼が去った後の編集現場は学士院からプレッシャーを受けながらも残った編集者たちによって、正確で完全な辞書を目指した編集作業が続いた。後世に恥じない、他の欧州諸国に誇れる辞書をつくるという理念は共有されていた。民営化されたＪＲ西日本が極端な労働対策に乗り出したのと状況が違ったのは、その理念が共有され続けたことだった。

時計職人のように

ところで女性編集者のパウエルは辞書をつくっているとき、この辞書が完成すると思っていたのだろうか。

「完成を疑ったことはありません。ただ、それがいつになるかはわからなかったですね。なかなか作業が進まないので、生きているうちに完成を見ることはないだろうと思いました。ロナルドは口にしたことはありませんでしたが、彼も自分が生きている間に完成するとは考えていなかったと思います。人間の寿命と作業量を考えたとき、完成が不可能なことは理解していたはずです」

辞書の完成をどうやって知ったのかと聞くと、パウエルは「伝書鳩が知らせてくれました」と言った後、「ハ、ハ、ハ」と笑った。いくつになっても英国人はユーモアを忘れない。特にインテリはユーモアを口にすることを、自分たちのアイデンティティの問題と考える傾向さえある。彼女はすぐに、「冗談です。リチャードから聞きました」と言い直した。

リチャードとはその後、副編集長として辞書づくりを切り盛りしていく人物である。その彼から完成を知らされたのだ。

「どきっとしました。そして、しばらくして喜びが湧いてきました。だって、完成しなければ、わたしの時間も無駄だったということになりかねません。先ほども言いましたが、『G』の思い出が大きいです。ほとんど自分一人で自由にやらせてもらいました。全体から見れば、『G』はさほど語彙の多い項目ではありません。それでもわたしにとっては、とても厚い項目なのです」

九十年を超える彼女の人生において、中世ラテン語辞書づくりに携わったのは一九六〇年代からの約二十年間である。

「もうしばらく辞書づくりをやりたかったですね。学士院の判断で引退することになりました」

その後、パウエルはパートタイマーとしてPROで働き、一九九六年に完全引退している。彼女にとって辞書の編集に携わったこの時間はどんな意味を持つのだろう。

「結婚前にラテン語を教えていたほんの一時期を除いて、わたしがフルタイムで働いたのは、あの二十年間だけでした。その意味では貴重な時間です。しかも自分の専門とするラテン語を生かせたわけでしょう。周りには変わった人が多かったですが、みんな善良なる変人でした。古き良き時代です。ゆっくりとして急がず。しかし、怠けているんじゃないですよ。みんな実によく働きました」

彼女が口にする、「ゆっくりとして急がず」というのは、効率一辺倒ではないという意味だと僕は思った。スリップに書かれてある言葉一つひとつについて、その原典に当たる作業。ときにはたった一つの言葉の用例を確認するため、オックスフォードから電車で一時間以上かけて、ロンドンの大英図書館までやってこなければならないこともあった。コンピューターとインターネットの発展でデジタル情報があふれる現代から見れば非効率極まりない作業である。経済効率から言えばあり得ないやり方だった。英国はそうした作業を許容していた。少なくとも当時の英国は、非効率であってもなすべきことはやらねばならないとの思想が生きていた。効率から距離を置くことに幸せを見出す社会があったのだ。

インタビューを終えてパウエル宅を去るとき、僕はこの日の午前中に見た大憲章の小さな文字を思い出していた。そして、第三代編集長、リチャード・アシュダウンが口にした言葉を反芻していた。

「正確な辞書がない限り、大憲章も読めないのです」

言葉は歴史を読み解く暗号であり、辞書は暗号解読器だった。パウエルのように辞書づくりに携わった人々は、この暗号解読器の細かな部品一つひとつを磨き上げ、いつも正確に、狂いがないよう管理してきた。十三世紀の大憲章の精神を今に伝え、それを未来の人類に残すためパウエルは時計職人さながらの仕事をしてきたといえるだろう。

第III章　コスト削減圧力との戦い

ヘブライ語からラテン語へ

ロナルド・レイサムが退任した後、第二代編集長に指名されたのがデビッド・ハウレットである。彼が編集長として担当した範囲は「C」から「T」。最も長い範囲を担当した編集長だった。

ハウレットは今、オックスフォードで暮らしている。ロンドンから電車で一時間。オックスフォード駅に着くとハウレットが改札で待ってくれていた。大学近くの石造りのレストランに案内してもらう。

「ここも十八世紀の建物だと思います。オックスフォードには当時の建物が多く残っています。アメリカにはないことです」

と語るハウレットの英語には、米国人特有のアクセントが残っていた。母方の先祖は十七世紀の植民地時代から米国に暮らし、父方は十九世紀に英国から米国に移住している。

彼自身は一九四四年一月、カナダと国境を接する米国北西部モンタナ州に生まれた。親類の多くは今もモンタナに住んでいる。父は言語学、母は音楽の教師という教育者の家庭に育った。

ランチを注文する。前菜の野菜サラダを食べながらハウレットが語り始めた。

「米国の大学で古典（ギリシャ・ラテン語）を学びましてね。ローズ奨学生としてオックスフォード大にやってきたのが一九六六年。そこで英語を勉強することになりました」

ローズ奨学制度は一九〇二年、英国人ビジネスマン、セシル・ローズの遺言に従って創設されている。ローズは南アフリカのダイヤモンド採掘などで巨万の富を築き、この制度をつくった。大英帝国の支配地域のほか米国、ドイツからの学生にオックスフォード大学で学ぶ機会を与える奨学制度である。

大学での成績優秀者がその対象となり、奨学生の中からは多くの成功者が出ている。米上院外交委員長でフルブライト奨学制度をつくったジェームズ・フルブライト、米国務長官となったディーン・ラスク、カナダ首相となったジョン・ターナー、第四十二代米国大統領、ビル・クリントンもこの奨学生としてオックスフォードに学んでいる。

オックスフォードで中世の英語を学んでいたハウレットは、大学の卒業試験直前、米国政府から一本の電報を受け取る。陸軍で兵役に就くよう命じる内容だった。米国は当時、ベトナム戦争の泥沼にあり、徴兵制を敷いていた。十八歳から三十五歳の男性には、四十八カ月の兵役義務が課されていた。

「悩みました。わたしは良心的兵役拒否者ではありません。ベトナム人を殺すことが嫌でした。一方、兵役を拒否して国籍を失うのも避けたかった。国籍を守ってベトナム人を殺すか、国籍を捨てて卒業試験を受けるか。難しい選択でした」

悩んだ末、ハウレットが選んだのは卒業試験を受けることだった。兵役を拒否したのだ。試験後、自転車でオランダを旅した。祖国と別れることになり感傷的にもなっていた。オランダからオックスフォードに戻った彼の元に一本の電報が届いていた。モンタナの両親からだった。

「政府が方針を変更し、わたしに勉強を続けることを許可したというのです。理由は不明ですが、徴兵に行く必要がなくなったんです。うれしかったですね。親と相談して、そのままオックスフォードに残ることにしました」

結果的にこの選択がハウレットを辞書編集へと導くことになる。彼はオックスフォード大学博士課程で中世ラテン語を修め、結局現在もオックスフォードで暮らしている。今は英米両国の国籍を持っている。

意外なことに、ハウレットがラテン語に興味を持った背景にはヘブライ語の影響があった。ヘブライ語はユダヤ人の言葉である。

「わたし自身はユダヤ人ではありません。それなのに子供のころ、モンタナのシナゴーグ（ユダヤ教の会堂）で開かれたバル・ミツワーに参加したことがあるんです」

バル・ミツワーとはユダヤ教徒の成人式で男児の場合、十三歳になった後の安息日にトーラー（ユダヤ教聖書の最初の五書）の一部を朗読したりする。ハウレットの両親は開放的で子供の自由を尊重する人だったのだろう。息子を他宗教の行事に参加させたのだ。

「そこで驚いたんです。わたしの一つ上の子がトーラーをすらすらと読み上げたんです。それに刺激を受け、ラビにヘブライ語を教えてくれと頼みました」

他言語への強い興味はハウレットの生まれながらの性格から来るのかもしれない。

「シナゴーグでヘブライ語を学ぶ子は全員ユダヤ人でした。そこに非ユダヤ人のわたしが言葉を学びたいと言って飛び込んできたのですから、ラビは『変わった人間がいるものだ』と思ったようです」

ヘブライ語とラテン語は構造からしてまったく別種の言語である。ローマ帝国時代、ヘブライ語は帝国内のユダヤ人社会だけで話されていた。ハウレットはユダヤ教には興味を示さず、彼らの言語にだけ関心があった。

ユダヤ人が欧州各地に移り住んだことで、ヘブライ語は各地の言葉に多少なりとも影響を与えている。英国の中世ラテン語にもヘブライ語の影響が見られる。それはハウレットがその後、中世ラテン語を専門に学ぶことで気付いたことだった。

ハウレットは十三歳でヘブライ語を学んだのに始まり、米国の大学で古典（ギリシャ・ラテン語）、そして、英国の大学に移って中世の英語、博士課程では中世ラテン語、と言語の大海原を回遊してきた。そして博士課程を修了すると『オックスフォード英語辞典（ＯＥＤ）』の編集に副編集長として携わっている。そこで二年間、辞書編集の実務を身につけ、その面白さを知った。中世ラテン語辞書のプロジェクトに参加しようと思ったのは一九七八年である。

中世ラテン語辞書の編集長就任に際し、ハウレットは英国学士会で委員会による面接を受けている。彼の博士論文の指導教官がそこの委員長だった。

「応募者が何人だったかわかりません。あまり多くなかったと思います。面接官は三人か四人。わたしがＯＥＤの編集に携わっていることを、みんな知っていました。つまり辞書づくりの経験があることはわかってくれていた。しかも、わたしの専門は中世ラテン語でした。わたしは求められるスキルをすべて持っていたことになります」

面接は能力を見るのではなく、意思を確認するために行われたようだ。採用はすぐに決まり、ハウレットは一九七八年に編集長に就任している。当時三十四歳。初代編集長のレイサムとの引き継ぎは三日間だった。

「わたしの質問に彼が答えるというかたちで引き継ぎました。ロナルド（レイサム）は実に愛すべき人でした。人格的にも素晴らしい人でした」

編集作業に入ってすぐハウレットは歴史の重みを感じた。この辞書をつくるため、どんな人が関わってきたかを知って足のすくむ思いさえした。辞書づくりを呼びかけたロバート・ウィトウェル、ボランティアとして言葉を集めた人々、そして、学士院委員会の過去のメンバーにもラテン語の重鎮がずらっと並んでいた。

「それほどの業績を上げた著名な人たちが土台をつくってくれたことを考えると、まるで自分が学生に戻ったようでした。偉大なる先人が用意してきたブロックを一つひとつ正確に積み上げるのがわたしの役目でした」

ただ、驚いたこともある。編集部に十分な資料がなかったのだ。

「(古典ラテン語辞書の権威)『ラテン語辞典（ＴＬＬ）』さえなかったんです。『オックスフォード・ラテン語辞典』はまだ完成していませんでした」

ハウレットが言う『ラテン語辞典』はラテン語辞書の基礎資料である。また、『オックスフォード・ラテン語辞典』は今、ラテン語の基礎的辞書となっている。初代編集長は満足に辞書をそろえることなく編集を続けてきたのだ。ラテン語に関し絶対的な自信があったのかもしれない。それはそれで驚きだった。

いつしかポークステーキを食べ終えたハウレットは、小さなスプーンでデザートのアイスクリームを口に運んでいる。

ところでなぜハウレットは中世ラテン語辞書の編集に興味を持ったのだろう。

「人類祖先の知的活動に興味がありました。ギリシャ、ローマ時代は、ヨーロッパ文明社会の夜明け前夜にあたります。彼らの出現によって、ヨーロッパは野蛮な文盲社会から高度な文明を築きました。わたしはこの変化に関心があったんです。彼らの書き残したものをできるだけ多く読みたいと思いました。その多くはラテン語なんです」

ラテン語やギリシャ語といった欧州の古典言語を学ぶことで、ハウレットは文明の夜明けを体験できると思った。そして、文献を読むうちに古典だけでなく中世ラテン語を研究することの必要性を認識していく。中世は文献が多いだけでなく、その時間的、地理的な広がりも大きいことに気付かされたのだ。

「アイルランド、イングランド、ウェールズにはそれぞれ、ラテン語とは違う言語がありました。彼らの多くはローマ帝国の外にありながら、読み書きのための言語を持っていました。それが中世ラテン語です。中世ラテン語は当時の欧州の人々の生活や歴史を知るための鍵になります。それを使って扉を開き、彼らの生活や考え方をのぞくことができる。

中世ラテン語を研究することは欧州の歴史を知的探索することになると思ったんです」

ロンドンからオックスフォードへ

ハウレットが編集長になった当時、編集作業はロンドン・チャンスリーレーンの公文書保存事務所（ＰＲＯ）で行われていた。作業部屋は学校の教室ほどの広さで、机が何台か置かれ、書棚にはボランティアたちがつくったすべての言語カード（スリップ）と何冊かのラテン語の本が並んでいた。作業をするのは、ハウレットのほか副編集長になっていたパウエルとパートタイムのアシスタントの計三人。素朴でこぢんまりとした作業風景だった。

「壁を覆うように置かれた本棚には、スリップを入れた箱と資料用の本が並び、机は北向きに設置されていました。まいったのは薄暗く、埃っぽいことです。古い建物で、高いところに小さな窓があるだけです。しかもその窓は第二次世界大戦のころから開けられなくなっていました。だからつねに薄暗い。しかも風通しが悪いため埃が溜まる。すべての本に茶色の紙をかぶせ、埃を防いでいました」

ハウレットは当時、週に五日、オックスフォードからロンドンまで通っていた。

「自宅から毎朝自転車でオックスフォード駅に行きます。八時の電車に乗って、ロンドン・パディントン駅に着くのが九時ちょうど。そこから自転車で事務所まで通いました。事務所に着くのは九時二十分。帰りはその逆です。五時半に事務所を出て帰宅は七時ごろでした」

長い通勤で疲れが蓄積され、子供に本を読み聞かせているうちに眠ってしまう毎日だった。

その事務所からオックスフォード大学ボドリアン図書館に編集拠点が移ったのは一九八二年である。

「通勤時間はわずか十五分になりました。子供たちと一緒にいられる時間が長くなり、幸せでした」

辞書づくりは心から楽しい仕事だった。大きな言語の山を、小石に気を付けながら一段一段上っていく作業は充実感に満たされていた。一つ峰を越えると、いつも周りの景色が違って見えた。

デザートを食べ終えたハウレットは食後のエスプレッソを飲みながら、編集作業をこんな風に表現した。

「辞書編集はハチが花の上を飛ぶのに似ています。こっちの文献をのぞいたら、次は別の文献を探ります。図書館が森、書棚が樹木、文献が花とすれば編集者はハチです。繰り返し文献のページを開いて引用例文について問いかけます。『これは一体、何と言っているんだろう』『どういう意味なんだろう』と。編集者はその言葉の意味を完全に理解して、定義を明確にします。ただ、そこで最終判断は下しません。つねに誤って理解していることを想定しておくのです。ある言葉について、別の意味を示している可能性が出てきたら、また、それについて調べるのです」

ハウレットは辞書編集の要諦を「疑うこと」と考えている。

「あらゆる言葉は比喩的であり、しかも常時、変化しています。自分の考えに凝り固まってはいけないのは当然ですが、一方で言葉の意味をある程度の範囲に閉じ込めておくことも必要です。確信を持ちながらも、つねに疑うことでしょうか。自分の知識だけでなく、過去の辞書を疑い、自分が書いた草案を疑い、仲間の書いたものを疑う。自分以外の辞書編集者の意見も疑ってかかります。ぎすぎすすることもあります。でも徹底的に疑える者だけが、最終的には仲間の信頼を得るように思います」

「わたしの仕事は世界一だった」

幸福な時間を過ごしていたハウレットだが、学士院とのやりとりだけは頭痛の種だった。資金繰りについての交渉やコスト削減圧力への対応は、初代編集長に続き彼を悩ませた。

「できる限り早く完成させて経費を削減するよう圧力がありました。ただ、自分としては良質なだけでなく、完璧な辞書をつくりたいと思っていました。そのためにはじっくりと時間をかける必要がありました。急いでつくっては完璧なものはできません。早くやれば、必ず間違いが起きます。山のような言語があるのに、作業するスタッフの数は限られています。どんなに優秀なスタッフでも、完璧な辞書をつくるには時間がかかりました」

コンマ一つの間違いもなくそうとすると、それに見合ったコストをかける必要があった。ハウレットは当時をこう懐かしむ。

「例えば草案のゲラ直しです。わたしが編集長になったときすでに『C』についてはほぼゲラが上がっていました。ただ、当時の印刷技術の関係もあるんでしょうが、間違いが多いわけです。あの当時、コンマの位置を一つ動かすのに一ポンドのコストがかかっていました。頭を抱えましたね。間違ったものをそのまま印刷に回すわけにはいかない。一方、コンマの移動に一ポンド。すべてのゲラを直すには膨大な経費がかかることが明らかでした。結局、『C』のゲラ直しだけでも一万一千ポンドかかったんですから」

資金繰りを巡る難しさはこの辞書が市場経済の原理から離れているところから来ていた。例えば『オックスフォード英語辞典』の場合、オックスフォード大学出版局が大勢のスタッフを雇用して作成している。世界言語である英語の辞書ということで、世界中の図書館や研究機関に販売が可能だ。政府の補助金をあてにせずとも採算の目途が立つ。そのため、多くのスタッフを雇用することが可能になる。

一方、『英国古文献における中世ラテン語辞書』の場合、それを必要とする人間は限られている。この言語が役に立つのは英国の中世文書に限られる。必要度こそ高いが、それを必要とする人の少ない辞書なのだ。当然、公的機関の支援がなければ採算の目途は立たない。市場に任せていては生まれ得ない辞書なのだ。結局、政府の補助金が必要となり、そのぶん英国学士院からの経費削減圧力が高まることになる。

しかも、中世ラテン語は古典ラテン語に比べ簡単であることは決してない。むしろその逆だ。古典語は使われるのが知的階級にほぼ限られていたが、中世ラテン語は使用する社会階級が比較的広く、しかも、英語だけでなくウェールズ、アイルランド、スコットランド、フランス、ノルウェー、ヘブライ、アラビアなど各言語の影響を受けている。源流から下るに従い、大河が分流したり、合流したりで複雑な流れとなり、それぞれの場所で違う景色を見せるのと同様、中世ラテン語には古典にはない複雑さがあった。そこが辞書づくりの難しさでもあると同時に面白さでもある。ただ、当然ながら編集には手間がかかり、作業コストがかさむことになる。

これほどの時間と人々のエネルギーを使って中世ラテン語辞書をつくることの意味について、ハウレットはどう考えているのだろうか。

「記録された歴史を完全なかたちで後世に引き継ぐためです。英国の中世史は文献で明確に記されています。文献を読めば理解できるはずです。ただ、中世は短くない。言葉は変化しています。だから時代ごとに語彙を確認しておく必要があります。文献に書かれてあるのですから、意味が完全に理解不能になることや、まったく逆になることはない。ただ、意味がぼやけてしまう可能性はある。それを極力防ぐために辞書が必要なのです」

ハウレットは辞書を完成させてから編集長を退きたいという思いが強かった。あと数年、定年を延長させてもらえれば、自分の手で辞書を完成させられると思っていた。気力も体力も充実していた。しかし、その願いもむなしく、学士院から引退を言い渡された。内心忸怩たるものはあったが、引退が決まると、あっさりと辞書づくりから手を引いて、完全引退している。今は何の肩書きもなく、地元で野菜づくりに精を出す日々である。顧問のようなかたちで編集に携わっては、後輩もやりにくかろうとの彼なりの配慮もあった。後輩から相談があれば、遠慮なく連絡をもらうことにはしていたが、大学近くに住みながらも編集室に顔を出すことはほとんどなくなった。

「編集長を引退するときのパーティーで話したことですが、自分は今、わたしの仕事が世界一だったと思えます。不完全だったかもしれませんが、やるべきことはすべてやった。辞書づくりはその作業自体も楽しいし、その都度、仕上がった辞書の分冊を手にする喜びもありました。思えば、いい仕事をさせてもらったと思います。引退はしましたが、後ろ髪をひかれるような感覚はありません。後は頼れる後輩たちがやり遂げてくれると信じていましたから」

ハウレットは笑みを浮かべると、「これから畑仕事です」と言った。

二人で店を出てオックスフォードの街を駅まで歩いた。ハウレットは時折、「あそこにも」「そこにも」と指さした。たしかに街の建物のあちこちに中世ラテン語が表記されている。

「畑仕事と辞書づくり。まったく異なる仕事のように思うでしょう。ただ、共通点も見えてきたんです」

とハウレットは言った。

ちょうど帰りの電車がオックスフォード駅に滑り込んできた。僕はハウレットに謝意を伝えて電車に乗り込んだ。しばらくすると車窓に田園風景が広がった。それを見ながらハウレットの言葉がよみがえってきた。畑仕事と辞書づくりの共通点。いつか改めて、彼の畑を訪ねよう。

第Ⅳ章　ラテン語の重要性

欧州人のルーツ

百年にわたって英国人が辞書づくりにエネルギーを費やした中世ラテン語。その熱意の背景には、欧州における古典（ギリシャ・ラテン語）の特殊性がある。それを理解しなければ、英国人がなぜそれほど中世ラテン語の辞書にこだわったのかを理解し、その完成を英国社会はどう受け止めたかについて思い巡らすことは難しい。

日本に帰った僕は、欧州におけるラテン語の位置づけに関して語ってもらえる人についてリサーチした。すると何人かの知人から東京大名誉教授の逸身喜一郎の名が上がった。名著『ラテン語のはなし』の著者である。逸身に連絡を取ると、講師を務めるカルチャーセンターに向かう途中、時間をつくってくれることになった。喫茶店でブレンド・コーヒーを飲みながら話を聞いた。逸身はまず、欧州におけるラテン語の地位についてこう説明した。

「ヨーロッパ人にとっては自分たちのルーツ、ヨーロッパの基礎です。英国で民族語（英語）が整えられる以前、知的言語といえばラテン語でした。英語がラテン語に優るのはそんなに古い話ではない。実際、（近代の科学者）ニュートンはラテン語で論文を書いています。だからラテン語がわからないと昔の文献は読めません。オックスフォード、ケンブリッジ両大学はかつて入学に際しラテン語の試験を課していました。大学に入るにはラテン語を理解しておく必要があったのです」

英語の源流であるゲルマン祖語が成立したのは紀元前十世紀ごろである。紀元後五、六世紀にはゲルマン祖語から英語やドイツ語が分化している。一〇六六年にウィリアム征服王が欧州大陸から英国を侵攻、占領（ノルマン・コンクェスト）したことでイングランドではフランス語が公用語となる。その結果、英語は中・下層階級の言語となった。一二〇四年にノルマンディーのガイヤール城が陥落して、ジョン王が大陸の土地の大半を失った。そのためイングランドと大陸との関係が薄くなった。その後、イングランドでフランス語の勢力が徐々に弱まり、英語の使用が拡大していく。裁判所で英語の使用が認められたのは一三五六年、英国議会で初めて英語による演説が行われたのは一三六二年である。

その後、欧州各国は近代国家を成立させることでそれぞれの民族語（ヴァナキュラー）を整え、知的活動のできる水準までそれを洗練させていく。つまり民族語の確立以前、長期にわたって知的活動のためにはラテン語が使われていた。欧州にとってラテン語は、自分たちが野蛮な民族から高等文明を持つ民に変質するのに必要不可欠な道具だった。

ただ、ラテン語の前に欧州ではギリシャ文明の存在があったことを押さえておく必要がある。逸身は自著『ギリシャ・ラテン文学　韻文の系譜をたどる15章』の中でこう解説している。

〈ローマは終生、ギリシャ・コンプレックスを持ち続け、何とかしてラテン語をギリシャ語の位置まで高めたいと望んだ〉

〈ギリシャ語は、ローマ帝国の崩壊に至るまで、ついにその優越した立場を失うことがなかった。ローマ世界はギリシャ語・ラテン語、双方を公用語とするバイリンガルであったことは留意されねばならない〉

〈ローマの知識人はギリシャ語の教育を幼くして受け、長じてしばしばギリシャに留学した〉

ローマ時代になっても哲学や文学など知的活動の分野で圧倒的な成果を誇ったのはギリシャ文明だった。それが滅びた後でもローマの人々はギリシャへの敬意を捨てなかった。

ギリシャの精神をローマが受け継いだからこそ、欧州人はラテン語への敬意を持ち続けることになる。特にローマが東西に分裂すると、英国を含む西欧でラテン語の影響がより強く残った。

英語やドイツ語が整えられていく過程でもラテン語の影響は大きかった。逸身はこう指摘する。

「英語を知るにはラテン語文法を理解する必要があります。例えば分詞構文を多く使うとか複文を使う、時制の一致、間接話法など。こういうときにどんな文章が正しいか。英文法を考える際、ラテン語に根拠を求めることが多い。英語と同じゲルマン系の言語であるドイツ語もラテン語の影響を受けています。ドイツ語文法はラテン語文法がなければできなかったほどです。文法でもめたときは、『ラテン語ではこうだ』となるんです。迷ったときにはラテン語に戻って、『そういう言い方はない』なんてことになるんです」

ラテン語は時代を下るに従い、それぞれの地域ごとにかたちを変えていく。そうして生まれた中世ラテン語が各地域で微妙に異なっていることはすでに述べたが、ラテン語を起源とするロマンス系のフランス語、イタリア語、スペイン語であっても、今ではかなり異なる言語となっている。普通、それぞれの国民は他の言語を理解できない。こうした時間による言語の変化について、逸身は日本の漢字・漢文と比較しながら興味深い解説をした。

「ヨーロッパはアルファベット、表音文字です。これは発音に合わせて簡単に変わります。一方、漢字は表意文字です。どう読もうと字は変わらない。そのため時代や歴史性を超越します。話し言葉である中国語は時代と共に変わっているはずですが、文字は変わらない。だから基本的に漢字は歴史性を持って読む必要がない。読み方はともかく、今でも昔の論語を読むことは可能です。古い文献であっても同時代のものとして読むことができる。字で固まっているわけです。アルファベットは違います。発音に合わせて変える傾向が強い。ラテン語の発音は地域によって変わります。ラテン語でありながらフランス語やイタリア語が生まれたのは、発音に合わせ変化していったからです」

たしかに表意文字である漢字は、日本風に読んでも字そのものに影響はしない。最近の日本人の名前に容易に読めないものが多いことからも漢字と発音に関係のないことがわかる。しかし、アルファベットは音と切っても切れない関係にある。

欧州の言語は多かれ少なかれラテン語の影響を受けているが、綴りの差異はそれぞれの地域での発音の違いから来ていることが多い。逸身によると、英語は比較的保守的で、発音に合わせて綴りを変えるということをあまりしない。そのため発音と綴りが一致せず読みづらい。一方、イタリア語は発音に合わせて書き方を変えてきた。実際、ギリシャ語系言語で「f」の発音に使われる「ph」をイタリア語は「f」に変えている。「フォト（写真)」は「foto」であり、英語で「Philippines」と表記する「フィリピン」はイタリア語では「Filippine」と綴る。ラテン語辞書の必要性について逸身はこう考えている。

「厳密に読むために辞書が必要です。例えば文献を読んでいてある単語が出てくるとします。どの意味で読むべきかを考えるとき、他の文献でこの単語がどう使われているか知る必要があります。『こんな意味かな。いや、ちょっとずれているな』とか、『ここまでずらしていいのか』などと考えるわけです。そういうとき他の文献と照合する必要があり、そのために辞書を使います。だから辞書を編集する際はまず文献を集め、項目ごとに意味を分類していく。ときに強引な作業にはなりますが、一の意味、二の意味と分類していくわけです。そして、辞書を使うことで、ある言葉を特定の意味で読むに至った証明ができます。辞書に載っていることで証拠能力が上がるわけです」

中世ラテン語は地域ごとに独自の変化をしている。英国の古文献にある中世ラテン語を正しい意味で読み解くだけでなく、解釈の正しさを証明するためにも完全な辞書が必要だったといえるようだ。

コミュニケーション手段としてのラテン語

医療の「セカンド・オピニオン」を意識したわけではないが、ラテン語についてもう一人、専門家の意見を聞こうと思った。インターネットで調べてみると、電子メールのアドレスを公開している学者がいた。早稲田大学文学学術院教授の宮城徳也である。

連絡を取ると、イタリアでラテン語研究をしてきたばかりだという宮城からすぐに返信があった。「僕より詳しい先生はほかにもいますが、ラテン語について知ってもらうことはうれしいことです。僕でよければ協力します」との内容だった。

大学の一室で向かい合った宮城はまず、ラテン語の歴史をギリシャ文明との関係から語った。

「ローマ帝国の支配が拡大することによってラテン語は広まりました。ただ、文化的にはギリシャの方が優勢であり、ラテン語はギリシャ語の影響を受けながら発達します。ローマ帝国内でも東はギリシャ語やラテン語、西はラテン語を使っていました。そして、ローマ帝国が滅びたとき東はラテン語の使用を止め、ギリシャ語を使用するようになりました。東ローマ（ビザンチン）ではギリシャ語が文化水準ではギリシャ語の方が高いためです。東ローマ（ビザンチン）ではギリシャ語が保存されることになりました」

ローマの建国は紀元前七五三年である。当時、ローマはまだ小さな村にすぎなかった。ローマ以外からも人が流入し、徐々にラティウム地方の共通語が確立されていく。ローマの勢力が次第に拡大し地中海世界を支配していく過程で、ローマ人たちは東のギリシャ語圏から学術を学んでいった。ギリシャ語からラテン語に移し替える作業を経ながらラテン語は文化言語として登場することになる。紀元前二七年、初代皇帝アウグストゥスによってローマ帝国が開かれたとき、ローマにはすでに文学もあり思想家も存在していた。それ以前からギリシャの影響を受けていたためだった。

ローマ帝国が崩壊した後、西欧ではゲルマン人の支配が強くなる一方、ラテン語には西欧の共通語としての役割が色濃くにじむようになる。宮城の説明を続ける。

「ゲルマン人には多くの部族がいて、それぞれの言葉を話していました。英語、ドイツ語、オランダ語は同じゲルマン系の言語ですが、容易には通じない。コミュニケーションのため人々はラテン語を使いました。ラテン語はヨーロッパの人たちが理解し合うための道具となるのです」

ラテン語はコミュニケーションの手段、高い水準の文化・学術を表現する言語として生き残った。中世に入ると、欧州各地域ではそれぞれ民族言語が整っていく。ラテン語を起源とするロマンス語であっても地域によって発音は変化しフランス語やイタリア語、スペイン語となっていく。

「中世になるとロマンス語同士でも互いには通じません。話し言葉としては、それぞれの民族言語がありましたが書き言葉としてはラテン語が優勢でした。特に哲学、神学、科学、医学では共通の言語としてラテン語が必要でした。話し言葉としては、それぞれの民族語が優勢になり、ラテン語は文語として残っていくことになります」

マグナ・カルタはイングランドのジョン王によるイングランド貴族たちに対する約束でありながら、ラテン語で書かれている。英語ではなくラテン語で記された理由として当時、イングランド王室や貴族はフランス語を話していたことや、英語が文語としてのかたちを十分に整えていなかったことに加え、イングランドの貴族たちが自分たちの意思や文化水準を他の欧州諸国に示す目的があったことが指摘できるだろう。宮城によると、マグナ・カルタが書かれたのとほぼ同じ十一世紀ごろから欧州で大学が整備され、そこでもラテン語が重視されていった。

「欧州各地から大学に学生がやってきます。例えば、トマス・アクイナス（一二二五？〜一二七四年）はイタリア人ですが、フランス（パリ大学）で勉強する。ニコラウス・コペルニクス（一四七三〜一五四三年）は東欧（ポーランド出身）の人ですがイタリアの大学（ボローニャ）で勉強している。そうした場合、ラテン語の講義なら、どこから来た学生であっても理解できる。今の英語が果たしている役割を中世ではラテン語が担っていたということです」

プラトン全集の翻訳がヨーロッパ哲学を変えた

民族語の地位が少しずつ上がっていくのは十四世紀から始まったルネサンス前後である。民族語の文法が整備され語彙も豊富になっていくことで、哲学や科学を民族語で表現することが可能になる。フランスの哲学者、ルネ・デカルト（一五九六〜一六五〇年）は『省察』（一六四一年刊）をラテン語で書く一方、『方法序説』（一六三七年刊）はフランス語で書いている。ラテン語と民族語の二刀流である。また、十七〜十八世紀になると、民族語によって高度な知的活動がなされていく。ドイツの哲学者、イマヌエル・カント（一七二四〜一八〇四年）やゲオルク・ヘーゲル（一七七〇〜一八三一年）はドイツ語、フランスの哲学者、ブレーズ・パスカル（一六二三〜一六六二年）はフランス語で書いた。

宮城はラテン語の文化レベルが上がり、またギリシャの哲学、思想が西欧に広まった要因の一つとしてイスラム教徒の役割を指摘する。

「五世紀にアウグスティヌス（ローマ帝国の古代キリスト教神学者）が亡くなったころ、

ギリシャの思想に注目したのはイスラム教徒でした。ササン朝ペルシャ人によってアリストテレスの科学や哲学がペルシャ語に訳され、それをアラブ人がアラビア語に訳す。それによってアリストテレスはイスラム神学に影響を与えます」

スペインのコルドバ地方では八世紀初めからユダヤ、キリスト、イスラムの三大一神教信者が共生していた。そこでユダヤ人がアリストテレスの哲学をアラビア語からラテン語に訳すことによって西欧にアリストテレスの哲学が広まっている。コルドバ生まれの哲学者、アヴェロエス（イブン・ルシュド、一一二六～一一九八年）や中央アジア生まれの哲学者、アヴィケンナ（イブン・シーナー、九八〇～一〇三七年）はアリストテレスの注釈書も書いている。

オスマン・トルコが勢力を伸ばし東ローマ帝国（ビザンチン）が滅びるのは一四五三年である。その最後期のパレオロゴス朝（一二六一～一四五三年）のときルネサンスが興った。東ローマ帝国の崩壊によって、多くの学者がテキストを持って、東から西に亡命している。そこでギリシャ語で書かれたプラトンの思想がラテン語に訳されることになった。フィレンツェを実質的に支配していたメディチ家のコジモ・デ・メディチ（一三八九～一四六四年）がプラトン・アカデミーの中心人物だった医師のマルシリオ・フィチーノ（一四三三～一四九九年）にプラトン全集を翻訳させたのもそのころである。

「プラトン全集はこのとき初めてラテン語に訳されました。これによって西ヨーロッパの哲学が活性化します。画期的な出来事でした。ラテン語に訳すことによってフランス人でもイタリア人でも、西ヨーロッパの知識人はそれを読むことができるようになりました」

宮城は古典ラテン語の研究者である。ただ、中世についてもっと重視されてもいいと考えている。

「ヨーロッパでは中世は現代とつながっている感じがします。古代はゲルマン人が入る前であるため現代とは断絶している。文書にしても中世は直接の文書が残っていますが、古代はオリジナルがほとんど現存しません。古代の文書を中世の人が羊皮紙に写本しているんです。古代の思想を今に伝えるにも、中世の人々が果たした役割は大きいです」

ラテン語は中世になると、各地方で民族語の影響も受けながら微妙に変化していく。中世は期間が約千年と長いため、中世ラテン語が使われた時間も長い。当然、独自の思想、政治活動が行われ、多くの公文書が残されていく。その割に中世ラテン語については辞書の決定版がつくられてこなかった。地域ごとに語彙集はあったが、古典ラテン語の辞書が熱心に編集されるほどには中世ラテン語辞書に対し熱意が払われてこなかった。

「中世が重要な割に中世ラテン語の辞書の決定版がなかったように思います。古典は文献が限られていますから決定版のようなものはありました。中世は文献の数も多い割にラテン語の中では傍流として扱われてきたため決定的な辞書がなかったのが現実です」

ヨーロッパ諸国のアイデンティティ

宮城とのインタビューを終えて雑談をしていた僕は、中世ラテン語の専門家に話が聞けないものかと相談してみた。ラテン語研究者には古典を専門にしている者が多い。宮城は「中世ラテン語なら是非、この人に」とイタリアを拠点に中世ラテン語を研究する北村秀喜を紹介してくれた。

北村は一九六七年、島根県出雲市に生まれた。日本では生産機械工学を専攻し大学院修了後、化学メーカーに勤務している。九六年に九カ月間、フィレンツェに語学留学した後、二〇〇二年にフィレンツェ大学文学部中世文学科に入学して、「ダンテ批評及び文献学」を学び、その後、専攻を中世ラテン語文献学に変えて一〇年に修士号、一三年に博士号を取得している。

電子メールでやりとりすると北村はまず、欧州における「中世」のイメージについてこう説明した。

「中世というと、ステレオタイプ化した負の先入観が伴いがちです。栄光のローマ文明が蛮族に滅ぼされた『暗黒の世紀』といったイメージがあります。野蛮、暴力、宗教や権力による弾圧。中世にはこうしたイメージがついて回ります。ルネサンスを経てようやくヨーロッパはこの暗黒の世紀から脱し、近代へと続く礎を築いたと考える傾向があります」

ゲルマン人の侵入によって西ローマ帝国が滅び、その後、欧州はマジャール人やノルマン人の侵攻を受ける。ギリシャに花開き、ローマにつながった栄光の時代に終止符が打たれ、抑圧と暴力に支配された時代が欧州人にとって「中世」のイメージなのだ。北村はそうした中世観がラテン語研究にも影響しているという。

「こうした先入観のため中世ラテン語も、完璧だった古代のラテン語をデフォルメしたものでしかない、という劣等的文化の象徴とされてきました。実際、古典文献学が十九世紀後半に発展をし始めたのに対して、中世文献学が生まれたのは第二次世界大戦後でしかありません」

西ローマ帝国の勢力が衰えた四世紀以降、西欧はさまざまな民族による分割統治の時代を迎える。ゴート族とラテン系民族が融和するイベリア半島。早くからローマと同盟を結びラテン化したフランク族の統治したフランス。ロンゴバルド族が半分を統治したイタリア半島。そして、ローマは「帝国の首都」から「キリスト教の首都」となっていく。

一方、ローマ人の統治を受けずラテン化しなかったアイルランド島は五世紀、ラテン化が完成しなかったブリテン島にも五〜七世紀に、キリスト教布教に伴い聖書の言語であるラテン語教育が導入される。こうして分断された西欧では、共通言語だったラテン語が地域ごとに独自の進化を遂げていく。

北村は欧州各地でこの時期、民族ごとの歴史が綴られていくことに注目する。トゥールの司教グレゴリウス（五三八〜五九四年）の書いた『フランク史』、イングランド聖職者のベーダ・ヴェネラビリス（六七二〜七三五年）が、カエサルによる侵攻から、キリスト教改宗までのブリテン島史を綴った『イギリス教会史』、ベネディクト修道会の修道士、パウルス・ディアコヌス（七二〇？〜七九九年）の著した『ランゴバルドの歴史』、モンテカッシーノのアマート（十一世紀）の『ノルマン人史』、デンマークの歴史家で文法教師であったサクソ・グラマティクス（一一五〇？〜一二二〇年？）による『デンマーク人の事績』などはすべて中世に書かれている。

「こうしてみるとヨーロッパ諸国のナショナル・アイデンティティは中世に誕生しつつあった。この見地からすれば、中世ラテン語は、現在のヨーロッパ諸国のアイデンティティのルーツを読み解く鍵といえます」

大衆文学や法律も

中世ラテン語文献の解読が進むに従い、中世を積極的に評価する傾向も生まれ、暗黒だけの時代であったわけではないと冷静な分析が試みられつつある。その一つがフランク王国のカール大帝（七四二〜八一四年）によるラテン語改革である。カール大帝は西ローマ帝国崩壊（四七六年）後初めて、西欧の再統一を試み、結果的にイベリア半島制圧には失敗したものの、現在のフランス、ドイツからイタリア半島までを統治下に入れた。

当時の西欧には、東から言語や文化の違うさまざまな民族が侵入していた。カール大帝はこうした文化の異なる地域を統治するため、共通文化であるキリスト教とラテン語に着目した。支配下に置いた地域でキリスト教典礼を統一すると共にラテン語改革に乗り出している。具体的には、ブリテン島出身の修道士、アルクィンらインテリを欧州各地から呼び集め、各都市にラテン語の教育拠点を設置した。こうしたカール大帝による文化・政治政策は、「カロリング朝ルネサンス」と呼ばれ近代になって再評価されている。

また、中世ラテン語文学には、現在までつながる大衆伝承が文章として現れ始めている。十六世紀のフランス人作家、フランソワ・ラブレーや『ドン・キホーテ』を書いたスペイン人作家、ミゲル・デ・セルバンテスに代表されるカーニバル文学、動物をコミカルに描く寓話イセングリムスが誕生したのも中世だった。シェイクスピアの書いた戯曲『ハムレット』の原形を十二世紀のサクソ・グラマティクス著『デンマーク人の事績』第三巻と第四巻に見ることもできる。中世ラテン文学は近代を経て脈々と現代につながっているのだ。

さらに、近現代の法律に対して中世が果たした役割も小さくない。

「中世に発布された、歴代法王や歴代皇帝の勅令、カール大帝がベネディクト派に与えた特権、こうしたものの有効性が近代に入ってからも議論され、その際、それらの書類の真偽が問われました」

北村は、真偽論議の好例としてコスタンティヌス大帝（二七二〜三三七年）勅令に関する議論を挙げた。この勅令は大帝がローマ帝国の首都をローマからコンスタンティノープルに遷都する際、西ローマをローマ法王に譲ることを示す内容である。長年、その真性に疑問があったが、十五世紀のインテリ、ロレンツォ・ヴァッラによって最終的に偽作と判定された。勅令のラテン語スタイルが当時（四世紀）のそれと一致しないことが理由だった。勅令の真偽が中世になって明確になったことで、ローマを巡る歴史を正確に理解できるようになった。

その後、十七世紀になって、言語のスタイルや筆記体によって、文書の真偽を判定する古文書学が誕生する。

「通称デュ・カンジュの辞書も、このような背景の下、編纂されたと思われます。中世ラテン語文献は近代の法曹界においても重要な役割を持っていました」

マグナ・カルタは英国の現憲法（慣習法）に影響を与え続けている。中世ラテン語辞書の最後の編集長、アシュダウンが「マグナ・カルタを正しく理解するためには中世ラテン語の辞書が必要」と語る背景にも、こうした法曹界への中世ラテン語の役割の重要性を見ることができる。

こうやって最近になって中世ラテン語の重要性を改めて認識する傾向は出ている。ただ、ラテン語辞書となると古典が中心になり、一般向けの中世ラテン語辞書はほとんど出ていないのが現実だ。北村はその理由として二点を挙げた。

一つは中世ラテン語には古典のような基準点がないことである。古典ラテン文学は、紀元前一世紀から紀元後一世紀の間が黄金期とされ、その時代に活躍した、キケロ、カエサル、セネカ、ウェルギリウス、オウィディウス、ホラティウスなどの著作をモデルに文法書や辞書が編集されている。古典ラテン語の場合、これが基準となっている。正しい、正しくないと判断する基準点があるわけだ。

一方、中世はその期間（約千年）が長いため時代や地域によって文法、語彙、綴りが異なっている。「これこそ正しい中世ラテン語」と断言できる基準が設定できない。そのため中世全体を網羅したコンパクトな辞書を編集するのは容易ではない。今回、英国がつくった中世ラテン語辞書は文献の対象を「英国」に限定し、期間をはっきりと区切ることで、「その範囲では」という条件を付けるかたちで、中世ラテン語の基準点を示したといえそうだ。

北村によると、中世ラテン語辞書が出ていないもう一つの理由は教育課程の問題である。例えばイタリアのラテン語教育は高校から始まり、大学の文学部、法学部などで続くが、文法書も辞書も古典に基づくものが使われている。イタリアでさえ中世ラテン文学や中世ラテン文献学の講義があるのは大学からであり、フランスに至っては大学院からになる。一般向けの中世ラテン語辞典が作成されないのは教育的需要がないことにも起因しているようだ。

ではなぜ、北村は中世ラテン語文献学を専攻したのだろう。

「フィレンツェ大学に入学した目的はダンテの生地で、ダンテ批評や文献学を専攻することでした。卒業論文のテーマは、ダンテの『饗宴』と中世教養主義との比較研究です。ただ、比較対象が十二世紀の教養人、サリスベリーのジョン作の政治官僚論であったため、それを研究する中、シャルトル学派を中心とする十二世紀の思想にのめりこんでしまいました」

大学院に入って中世文献学の講義を受けた。寓話、英雄伝、詩、ポルノグラフィー、哲学、と幅広い作品についての講義はとても知的好奇心をそそるものだった。こうやって北村は中世の文献学から抜けられなくなった。

その北村は今回英国で編集された中世ラテン語辞書の役割についてどう考えているのだろう。

「辞書の前書きに述べられていますが、古典ラテン語辞書の権威である『ラテン語辞典（TLL）』に倣うこと、そしてデュ・カンジュの辞書の欠点を克服することです。デュ・カンジュの辞書は多くの語彙と、その用例を収録していますが、文献学の確立される以前に編纂されているため、客観的に検証されていない文章に基づいています。それが問題でした。中世文献学が確立するまでは、こうした欠点はさほど問題視されなかったのです」

中世文献学の確立を待ってようやく今、権威ある中世ラテン語辞書が作成される環境が整ったといえるようだ。

第V章　時代的背景

フランス人がつくった標準辞典

『英国古文献における中世ラテン語辞書』プロジェクトがスタートしたのは一九一三年である。そしてロナルド・レイサムが初代編集長に就任したのは一九六七年だ。つまり、プロジェクトは前半の五十四年間、編集長を置かずに続けられた。編集長のいない時期は、どんな作業が継続されてきたのだろう。ここで今回のプロジェクトが生まれた経緯を整理すると共に、初期の活動を見てみよう。

世界的に知られた中世ラテン語辞書は、フランス人によって編纂された。歴史・文献学者、シャルル・デュ・フレーヌ（一六一〇〜一六八八年）による『中世ラテン語辞典』である。

デュ・フレーヌは彼の領地名から「デュ・カンジュ」と呼ばれ、ピエール・ダニエル・ユエやジャン・マビヨンと並ぶ十七世紀フランスを代表する学者だった。四十七歳で書いた『コンスタンティノープル帝国史』でビザンチン史研究家として名をはせ、六十八歳で完成させたのが『中世ラテン語辞典』だった。欧州各地の中世ラテン語をラテン語で説明したこの辞書は当初、三巻本としてパリで出版され、彼の死後、ドイツ人研究者らによって繰り返し増補されている。

最終版はレオポルト・ファーブル（一八一七〜一八九一年）によって編集され一八八七年に出版された全十巻六千ページ。デュ・カンジュが完成させた初版のほぼ二倍のボリュームである。二十世紀に入るまで、この辞書が中世ラテン語の標準辞典とされてきた。

ただ、この辞典はいわゆる外国語辞書ではない。ラテン語を他国語に訳しているのではなく、中世ラテン語をラテン語で説明している。つまり国語辞典に近い。文法的な説明はせず、各言語について、定義よりも背景や歴史的経緯を説明しているのが特徴である。その点では百科事典のイメージでとらえた方が理解しやすいかもしれない。

二十世紀に入った英国では、このデュ・カンジュの『中世ラテン語辞典』に代わる後継辞書をつくるべきとの声が高まった。英国の文献にある中世ラテン語を英語で説明し、百科事典の形態ではなく、言語の意味や文法について引用例を中心に定義する辞書が必要との考えだった。

そうした声が高まった背景の一つに十九世紀の英国で、地域史研究が盛んになったことがある。歴史研究のためには資料の保存や整理が欠かせない。法律や宗教などさまざまな専門分野ごとに文献を整理する必要が叫ばれ、数多くの学会や協会が設立されていく。産業革命によって英国が経済的に発展したことに加え、印刷技術が向上したことで、各学会や協会は研究成果を出版して発表したり、有益な古文献を再出版、増補したりしていく。有名なのは一八五七年に出版された、『中世英国及びアイルランドの年代史と記録』である。これは最終的に二百五十巻にもなる壮大な記録集で、英国史の基礎となっている。

こうした記録集をつくるための「素材」である古文献のほとんどは中世ラテン語で記されている。そのため中世ラテン語そのものについて調査する必要性が叫ばれていく。デュ・カンジュはフランス人であり、彼のつくった『中世ラテン語辞典』は引用元の文献が欧州各地に広がっていることから、一般の英国人が使うには不便もあった。英国は米国大陸をはじめとする世界各地での植民地経営の成功もあり、欧州で存在感を高め、それに合わせて英国人研究者は自分たちの歴史に誇りを深めていく。英国人は自分たちの祖先の残した文献を読むために、英国の文献を対象とした独自のラテン語辞書が必要であると考え、それが新しい辞書プロジェクトにつながっていった。

最初に中世ラテン語辞書の作成を検討したのは出版大手のマレー社だった。同社は十九世紀後半、言語学者らの協力を得て、中世ラテン語を英語で説明する辞書の出版を計画している。デュ・カンジュの辞書を要約し、新しく増補することも検討されたが、この事業は手間の割には費用がかかりすぎ、民間の出版社がやるには、ビジネスとして成り立たないと判断されたらしい。結局、その計画は立ち消えになった。

そして次に浮上したのがウィトウェルの呼びかけたプロジェクトである。彼は自分が、『新英語辞典（その後のＯＥＤ）』のワードハンターをしていた経験から、ボランティアの協力を得るやり方で辞書をつくることができると確信していた。彼は国会議員に働きかけ、その考えに賛同した下院が英国学士院にプロジェクトの推進を提案している。ほぼ同じころ、学士院の中にも中世ラテン語辞書の必要性を感じていた会員がいたことからプロジェクトはすぐに動き出す。

こうして英国における中世ラテン語辞書づくりは一九一三年、英国学士院のプロジェクトとして正式スタートすることになった。ただ、翌年に第一次世界大戦が始まったため、実際の作業は戦争が終わる一九一八年までほとんど動いていない。

欧州十六カ国で始まった中世ラテン語辞書づくり

人類が初めて体験した世界的規模の戦争が終わって二年後の一九二〇年、英国学士院は中世ラテン語辞書作成プロジェクトを、国際学士院連合（ＵＡＩ）に提案している。英国学士院が英国（アイルランドを含む）の文献にある中世ラテン語の辞書を作成するのと同じやり方で、欧州各国がそれぞれの地域の文献にある中世ラテン語の辞書をつくってみてはどうかとのアイデアだった。ＵＡＩは一九一九年、ブリュッセルで設立されたばかりの緩やかな連合体だった。ＵＡＩは英国学士院の提案を受け入れ、七世紀から十一世紀の文献を対象とする中世ラテン語辞書作成を十五番目のプロジェクトにしている。プロジェクト名は「Novum Glossarium（ラテン語で「新しい創造」の意味）」とされ、本部はパリに置かれた。国ごとに熱意に温度差はあるものの西欧の十六カ国で「Novum Glossarium」プロジェクトは推進されオランダ、フィンランド、スウェーデンではすでに完了している。

ちなみに中世ラテン語辞書作成プロジェクトのある十六カ国の中には、旧ユーゴスラビアが含まれていた。ユーゴはクロアチア、スロベニア、ボスニア・ヘルツェゴビナなど六共和国によって構成される連邦国家だったが、古くからクロアチア、スロベニアとボスニアの一部はラテン語、セルビア、マケドニア、ボスニアの一部などはギリシャ語を使っていた。ユーゴは言語的にも、ラテン語とギリシャ語のぶつかる地域にあった。その境界となったボスニアで激しい民族衝突が起きたことは、歴史が現代に生きていることを証明するようである。

旧ユーゴスラビアの中世ラテン語辞書は一九七八年に完成した。一九九一年の内戦によって分裂する十年以上前である。説明してきたとおり、ユーゴの中でラテン語を使っていたのが、クロアチアなど一部に限られるため、文献数、中世ラテン語数共に比較的少ない一方、辞書作成熱は高かった。これが早期に完成させることができた理由だった。

欧州の中世ラテン語辞書プロジェクトでもう一つ特徴的なのがスペインである。スペイン南部は七一一年から一四九二年までウマイヤ朝をはじめとするイスラム帝国に征服されていた。そこでは、ラテン語のほかアラビア語やヘブライ語が使われていた。そうした歴史のためか、スペインは中世ラテン語辞書づくりにさほど熱心でなく、プロジェクトに取りかかったのは十六カ国の中で最も遅かった。

英国学士院は一九二四年、二つの特別委員会を発足させ、プロジェクトを本格始動させる。第一次大戦の荒廃からようやく欧州が復興に向かい、英国社会には落ち着きが戻ってきていた。委員会の一つは英国の中世文献の収集を担当し、もう一つは、それらの文献から中世ラテン語採取を担った。作業を二つに分類し、文献そのものを収集し整理することと、そうして集めた文献からラテン語を拾うことに振り分けたのだ。

そして、二つの委員会がボランティアに協力を呼びかけたことで、スリップ（言葉のカード）づくりが加速する。ボランティアは教会や大学にある文献からラテン語を抜き出し、その文献のどこに引用例文があるかを明示してスリップに記していく。

集まった言語を整理して最初の言語リスト（項目）が作成されたのは一九三二年だった。二年後には「英国とアイルランドの文献からの中世ラテン語リスト」として整えられ、これがその後、辞書をつくっていくうえでの基礎になった。発表されたリストの序文には、「学生が利用するに望ましい数に到達した。辞書の内容として適度な引用例文である」と記されている。

その後、この言語リスト作成作業は第二次世界大戦（一九四一～四五年）の間も細々と続けられ、結果的にリストは一九六二年までに計五回、更新されている。このリスト作成作業の中心人物の一人がその後、初代編集長になるロナルド・レイサムだった。そして、彼が一九六七年に編集長に指名されたことで、辞書は実際の編集作業に入るのだ。

これまで見てきたように、この中世ラテン語辞書プロジェクトは大きく分けて二期に分けることができる。文献と言語を採取して、その言語リストを作成する時期（前期）と、そのリストに従って言語を分類し引用例文を原本で確認していく時期（後期）である。前期が一九一三～一九六七年、後期が一九六七～二〇一三年となる。後期に入った直後の一九六八年、この言語リストからケルト系文献の言語を排除することが決まった。英国とアイルランドの政治的な動きも影響し、ケルト分については『アイルランド古文献における中世ラテン語辞書』として英国分とは別に辞書を作成することになったのだ。

ラテン語の天才が加わる

一九七〇年代後半、中世ラテン語辞書の副編集長を務めたジョイス・バティとキティ・トンプソンが引退するなどプロジェクトチーム・メンバーに入れ替わりがあった。一九七九年には編集長もレイサムからデビッド・ハウレットに代わっている。辞書づくりは項目「C」から「D」「E」に入ったばかりで、これからが正念場だった。ラテン語に精通するオックスフォード大のリチャード・シャープが副編集長としてチームに加わったのはそんなときだった。先に紹介したとおり、女性編集者のアブリル・パウエルに辞書の完成を知らせた人物である。彼の加入によって作業は一挙に進むことになる。

シャープは英国北西部ランカシャーに生まれ、四歳で北東部ヨークシャーに引っ越した。ラテン語を学び始めたのは九歳のとき。プレパラトリー・スクールに入ってすぐのころだった。英国のプレパラトリー・スクールとは八歳から十三歳の児童・生徒が学ぶ私立学校で、名門高校に入るための準備機関と位置づけられている。シャープはその後九年間、ラテン語を学び、ケンブリッジ大学で本格的に古典（ラテン・ギリシャ語）を身につけている。

さらに彼は、「アングロサクソン・ノルセ・ケルト」というコースも履修する。それは英国、北欧（ノルセ）、そしてケルト（アイルランドやスコットランドなど）地域の言語を通して、地域の文化、文学、歴史、考古学などを総合的に研究するコースだった。その研究過程でシャープは中世の公文書と格闘しながら中世ラテン語を習得していく。特に熱心に読み込んだのは七〜八世紀のアイルランド文書だった。

アイルランドは歴史上、ローマ帝国の影響下に入ったことはない。そのため本来ラテン語の影響は限定的である。一方、アイルランドは今もカトリックの影響を強く受けている。教会を通してラテン語が入り、独自の中世ラテン語を形成してきた。結果的にアイルランドはローマ帝国支配地域以外では最もラテン語の影響を強く受けた国となる。

アイルランドの中世ラテン語は英国のそれとも微妙に異なっている。つまり、ラテン語の本川はグレートブリテン島（英国）とアイルランド島で分流し、それぞれの中世ラテン語となって流れている。シャープはアイルランド文書を中心に英国、北欧、ケルトの中世文書を読みながら、派川としてのラテン語に興味を持った。そのシャープが今回の辞書プロジェクトに参加したのは一九八一年、ハウレットが第二代編集長に就いた三年後である。

シャープは現在、オックスフォード大ウォドム・カレッジの教授として主に修士・博士課程の学生に中世史を指導している。指定された時間にカレッジを訪ねると、きちんとした身なりで玄関のところで待ってくれていた。

「日本人は時間励行と聞いていますが、まさに約束時間ちょうどですね」

と言って握手を求めてきた。僕の方こそ、わざわざ玄関で出迎えてくれたことに恐縮した。シャープは大学の庭をゆっくり歩きながらカレッジの歴史を手短に説明した後、昼食をとりながら話そうと提案してくれた。

大学の各カレッジには教員用の食堂がある。静かで穏やかな空気が支配する空間で、教員たちは互いに近況を語り合い、研究テーマについて意見交換する。多くのカレッジでは引退した教員も、この食堂を利用し知的会話を楽しむことができる。昼食は無料、夕飯は予約制でアルコール代についてのみ支払いを求められることが多い。

前菜の野菜サラダをもらい、メイン・デッシュとして魚か肉を選ぶ。パンは好きなだけもらえる。これを各自、自分のテーブルに持って行き、一時間半から二時間をかけランチをとる。食べることそのものより、同僚や知人とのコミュニケーションの場として食堂が利用されている。サラダを口に運び、少し雑談をした後、シャープは中世ラテン語辞書づくりについて語り出した。

「七〇年代の終わりにはプロジェクトの存在を知っていました。当時、わたしはケンブリッジ大学でイングランドやケルトの中世文書を研究していました。毎日が中世ラテン語との格闘です。当然、つねに辞書を利用します。一九七五年に出版された辞書の第一巻（A—B）に世話になっていたんです。続く巻を早く出版してほしいと願う側でした。そんなことをしながらプロジェクトに興味を持っていたとき副編集長の募集広告を見つけました。八一年のことです」

大学で募集広告を見つけた彼は自分の指導教官に相談した。指導教官は偶然、二代編集長、ハウレットの知人で、「是非、応募すべき」と勧めた。シャープは七九年、アイルランド語と中世ラテン語の語彙の関係性を分析した論文を発表し、高い評価を受けていた。そうしたこともあったのだろう、英国学士院の面接を受けるとすぐに採用が決まり、英国学士院に雇用されるかたちでプロジェクトに参加することになる。作業は当時、ロンドンの公文書保存事務所（ＰＲＯ）の一室で行われていた。窓も開かない埃っぽい部屋である。

オックスフォード大学の職員用食堂で、シャープは上品にナイフとフォークを動かしながら、初代編集長のレイサムの思い出を語った。レイサムはすでに引退していたが時折、作業部屋に顔を出しシャープと一緒に昼食をとったこともあった。

「彼はラテン語と歴史に関し素晴らしく優れた知識を持っていました。イングランドの歴史、文学についてはおそらく完全に把握していた。そして、そのほかの欧州の文学についてもかなりのレベルで知っていたと思います。ラテン語について聞くとすぐに反応が返ってくる。原典に当たらなくとも、すべて記憶している感じでした」

シャープは中世ラテン語や歴史の専門家である。その分野の知識に関しては、圧倒的に詳しいとの自信があった。ただ、辞書づくりの実務には携わったことがなく、その点についてレイサムの話が参考になったという。

「彼はしばしばこう言っていました。言葉は樹木であると。言葉を知る人の多くは、その幹や大きな枝についてはよく理解している。しかし、樹木には小枝もあるんだと。それなのに人々は小枝について関心を払わず、十分な理解をしていない。それを調べて意味を確定していくことこそ樹木を守っていくことになる。言葉の小枝に細心の注意を払いながらその意味、使われ方の微妙な違いを見つけて、それを人々に説明することが辞書づくりなのだと」

レイサムのその言葉を胸に刻みながらシャープは、編集に励んだ。そして作業をするうちに、こうやって古い公文書に囲まれて仕事をすること自体が、何物にも代え難い経験だと思えてくるのだった。

「編集そのものよりも書誌的な環境に身を置けることに幸せを感じました。想像してみてください。当時、古いものでは千年以上前に書かれたイングランド、ウェールズ、スコットランド、アイルランドの公文書に囲まれていました。その後、作業拠点はオックスフォードに移りましたが、そこの図書館も同じです。わたしたちの部屋の本棚には、十五世紀に印刷された本も並んでいました。辞書づくりはそれらの本のページを開いて、中世ラテン語の使われ方を確認して、正しい語彙をつくっていくんです。さまざまなテーマの本が対象です。中世ラテン語を通して当時の筆者と会話できる。まさに至福の時間でした」

日記も貴重な資料に

『英国古文献における中世ラテン語辞書』の対象となったのは六世紀中旬から十七世紀初頭までの文献である。主なテーマには国家や都市の歴史、法律、税務記録、科学や哲学の発表、詩などがある。

対象となった文献の筆者は明らかになっているだけでも二千人を超え、古い筆者としては六世紀イングランドのキリスト教高僧でラテン語の著書『ブリトン人の没落』で有名なギルダスや、七世紀から八世紀にかけて学者としても活躍したキリスト教高僧のアルドヘルム、ビード、アルクィンなどがいた。

また、日記が貴重な資料となるケースも多かった。例えばダービー教区の牧師、ウィリアム・メルルは一三三七年一月から一三四四年一月にかけ、天候を小まめに記している。この日記から中世ラテン語の気象用語が多く採用された。例えば、「umectativus」は本来、「湿度が高い」という意味だが、彼の日記にはそれを、「雨」の意味に使っている。「nubilosus」は「曇っている」を表すが、彼は「彗星」の意味でも使用している。英国文献の中世ラテン語独特の表記である。

こうした古文献に囲まれた生活に満足しながらも、辞書づくり自体は挑戦的な作業だった。シャープが最初に任されたのは、「E」の最終段階である。

「最初に苦労した言葉をよく覚えています。動詞の『expedire（自由にする）』です。辞書づくりでは一般的に、名詞よりも動詞の方が難しい。最初からやっかいな言葉に当たったなと思ったから覚えているんです。しかも、『E』の最終段階は、『ex』という接頭語の付く言葉が並びます。名詞から動詞に派生したものも少なくない。本当に難しかったです」

「E」を片付けた彼は次に「F」に取りかかる。「F」から「H」までは、「ex」のような接頭語がない。そのため作業ははかどると考えていたが、それは甘かった。彼が最も苦労した言葉は、「facere」だった。「つくる」「する」などを示す言葉で、法動詞としても使われる。法動詞とは、英語の「can」や「may」のように、実現可能性について書き手の確信の度合いを示す動詞である。

編集長のハウレットは、さすがのシャープであっても、この言葉を完成させるには数カ月を要すると考えていた。この言葉には、細かく分けて四十七の意味があった。その一つひとつを原典で確認しなければならない。まさに骨の折れる作業である。シャープは結局、この一語を二週間で仕上げて周りを驚かせた。この一語に割かれたのは六ページ。この言葉の編集をきっかけに彼は「辞書づくりの天才」と呼ばれるようになっていく。

シャープらスタッフが辞書編集の基礎にしたのは、ボランティアが約四十年かけてつくり上げた「スリップ」と呼ばれる小さなカードだった。英国学士院がまず中世の文献や書籍を指定。ワードハンターと呼ばれるボランティアが割り当てられた文献から言葉を採取し、スリップにその定義や使われ方、引用文献名などを書いて学士院に送る。

こうして集まったスリップは最終的に計七十五万枚になった。先に紹介したバーナード・ウィンスロップ・スイスィンバンクのように一人で二万～三万言語のカードをつくったボランティアもいた。ボランティアたちはみな何の見返りも期待せず、まるで働きバチが蜜を集めるようにこつこつラテン語を採取していった。しかも、多くのボランティアは自分の生きている時代には辞書が完成しないだろうことを認識していたはずだ。

なぜ項目によって出来栄えにむらがあるのか

編集現場ではスタッフがそうしたスリップをアルファベット順に整理し、古典ラテン語か中世ラテン語かを分類したうえで定義を英語で書き、最後に出典をすべて原典で確認する。中世初期の古文書は、手書きであるため確認するのも容易ではない。もちろんスリップの文字もすべて手書きである。シャープは言う。

「スリップからは、辞書の完成を願うボランティアたちの気持ちが伝わってきました。スリップに注釈をつけているボランティアもいました。『自分はこう考えます』と言った説明が書かれてある。多くのボランティアたちはすでに亡くなっていたと思いますが、小さなカードを通してそうした人たちとやりとりしている気がしたものです」

ただ、手書きであるぶん、解読が困難なスリップも少なくなかった。ボランティアのラテン語能力に差があり、編集するときに同じ水準に保つことも課題だった。

「それを読んでいると、すぐにワードハンターの能力がわかります。ラテン語の専門家がいる一方、ラテン語は一応、知っているレベルで、とにかくこのプロジェクトを支援したいと参加している人もいる。しばらくして副詞に抜けているものが多いことに気付きました。名詞から動詞、そして形容詞まではきちんと採取されていても、副詞が抜けている場合が頻出していました。それを頭に置きながらやりました」
中世ラテン語の文書を辞書の助けを借りずに理解できる人間は現在、おそらく皆無である。時代と共に微妙な変化があるため、ある意味では古典ラテン語を理解するよりも困難だ。今回、この辞書が百年の時間をかけて完成したことで、英国の中世古文献すべてが正確に理解できるようになった。シャープはその成果は大きいという。ただし時間をかけ過ぎたことで、課題も残ったと彼は考えている。

「本来、多くのスタッフを使ってでも短時間で仕上げるべきだったと思います。時間をかけ過ぎたため、能力や特性に違いのある人々によって作成されてしまった。アルファベットごとにとても力の入っている項目と、それほどでもない項目が出来上がっています。違う人たちが、違う時代に辞書をつくっているのですから、むらが出るのも仕方ありません」

少人数のスタッフが入れ替わり立ち替わり、長時間かけて別々のアルファベットを担当することから来るむらだった。特に六〇年代の終わりから七〇年代にかけての時期は、あまりに少人数で編集していたため初代編集長のレイサムの個性が強烈に現れているという。

「少人数で編集する場合、その編集者の経験の違いが顕著になります。例えばロナルド（レイサム）はラテン語を専門としています。編集長になる前の四十年間、公文書館で働いていたためそこのスタッフをよく知っています。その多くは歴史の研究者です。だから彼は歴史書については抜群の能力を発揮しました。一方、哲学についてはやや弱い面がありました。だから、彼の編集した部分では、歴史書に比べ哲学書が弱くなっているように思います」

歴史、哲学、宗教などすべての分野に精通している人間はいない。そのため、それぞれの分野についてその道の専門家がチェックする体制が取られた。具体的には、法律分野についてはオックスフォード大教授（法制史専攻）のポール・ブランド、音楽分野はオックスフォード大学出版局の顧問も務めた英国音楽史の専門家、レオフランク・ハルフォード・ストレブンスが担当した。こうしてむらをなくす努力がなされた。それでもなお、あまりに少人数で編集する体制が続いたため、スタッフの専門分野の違いによって、とてもよくできている部分とそうでもない部分ができてしまったという。

また、シャープは中世ラテン語に精通した編集者が少なかったことも指摘する。ラテン語といえば古典ラテン語である。オックスフォード大でもケンブリッジ大でも、学生が習うのはあくまで古典である。そのためレイサムや女性編集者のアプリル・パウエルをはじめ編集に携わった者の多くは元来、古典を専門としている。川を見るときはまず本川を見る。派川だけを見る者はいない。言語の場合もそうである。一方、今回はあくまで派川を対象とした辞書だった。中世ラテン語をよりよく認識するには中世の歴史を知る必要がある。シャープ自身は古典を学んだ後、珍しく中世の英国、北欧、ケルトの歴史や文学を専門に研究してきた。ラテン語研究者としてはやや特異な経歴を持っている。古典を知り、しかも中世の歴史に精通する彼だからこそ、「辞書づくりの天才」と呼ばれたのだろう。

シャープは一九九〇年、九年間務めた副編集長から身を引き、オックスフォード大学に戻った。完成した今回の辞書の意義についてどう考えているのだろう。

「これで中世の文書を正確に理解することができるようになりました。一つひとつの言葉の意味について説明するだけでなく、そう理解するに至る証拠文献について示していることが貴重です。人は言葉について、意味を正しく理解していると思い込んでいる場合が少なくありません。間違って理解していることを認識していないのです。こうした辞書がなければ、誤った理解が正しいことのように広まることになります。辞書ができたことで、そうした間違いを修正する武器を持ったのです」

たしかに大小の国語辞典がそろった現代の日本でも、「情けは人のためならず」の意味を正しく理解しているのは国民のほぼ半数にすぎない。本来は「一時逃れ」を意味する「姑息」を正しく理解している日本人はたった十五パーセントという調査結果もある。人はしばしば言葉の意味を取り違え、思い込み、それが集団誤認となっていく。辞書はそうした誤認を食い止める防波堤の役割を担っている。

西欧とそれ以外の世界を分ける基準

僕たちは昼食のあとのコーヒーに移っている。

シャープは西欧にとってのラテン語について説明する中で日本における中華文明について口にした。

「日本では今、漢文を自由に操れる人は極めて少ないはずです。ただ、歴史的には漢文は東アジア一帯を中心に書き言葉として使われていました。日本においても同様です。十七世紀の日本では、正式文書には漢文が使用されていました。東アジアでは漢文が国際語と考えられていたのです。それと同じ状況が西ヨーロッパにおけるラテン語にあります」

ラテン語こそが西欧とそれ以外の世界を分ける基準だった。

「中世、西ヨーロッパの人々は互いに、ラテン語で意思疎通をしていました。ラテン語は西ヨーロッパの文化的統一の象徴です。（旧東欧の一つ）ハンガリーはラテン語圏であり言語的には西ヨーロッパであることがわかります。今なお、ハンガリーではラテン語の強い伝統が残り、大学ではラテン語が使われています。ラテン語を通して、西ヨーロッパは一つの文化圏であることがわかるのです」

欧州の諸言語は互いに影響を及ぼし合ってきた。文法構造などで欧州諸言語と極端に異なっているのはハンガリー語、フィンランド語、バスク語である。ハンガリー、フィンランド両語はウラル語族であり、バスク語はどの言語系統とも違った孤立言語とされている。つまり三言語はインド・ヨーロッパ語族ではなく、住民は欧州の言語を理解したり、推測したりすることが難しい。そのため、欧州内のコミュニケーション手段として、余計にラテン語を利用する傾向が強い。十九世紀に入るまで、フィンランド議会は公用語としてラテン語を使っていた。今でもフィンランドにはラテン語のラジオ局があるほどだ。シャープが指摘するように、ハンガリーの大学では今なお、ラテン語で講義が行われることがある。

話を聞いて思った。英国は二〇一六年、国民投票で欧州連合（EU）からの離脱を決めたが、言語から見る限り、英国が文化、歴史的に西欧であることに疑いはない。人やモノ、カネ、情報が国境を越えるグローバリズムの時代、英国はEUからの離脱を決めたが、文化的には西欧の一角にある。ラテン語の版図はそれを示している。

欧州のアイデンティティを語る場合、キリスト教が挙げられることが多い。トルコのEU加盟問題で欧州の一部から時折、感情的ともいえるほどの激しい反対があることを僕たちは、「キリスト教対イスラム教」の構図で考える傾向がある。それも一面では正しいだろう。ただ、欧州の人々が自分たちを欧州人と規定するとき、宗教だけでなくギリシャ・ラテン文明も頭にあることは押さえておくべきだ。

シャープへのインタビューを終え、一人でオックスフォードの街を歩くと、古い建物のあちこちに中世ラテン語が書かれていることに気付く。他の街なら教会や大聖堂でしか見ない中世ラテン語があちこちに見られる。中世から科学や哲学の盛んな街だったことも影響しているようだ。すでに実際の生活では姿を消したラテン語が、この国の人々の思想の深いところで脈々と生きている。

第Ⅵ章　学士院の威信をかけて

受益者は後世の人々も含めた全国民

中世ラテン語辞書の作成過程で、編集長と英国学士院の間にコストを巡り緊張したやりとりがあったことについては何度か触れてきた。辞書づくりの主体となった学士院はコストや辞書の必要性についてどう考えていたのだろう。その点を聞こうと、ロンドン中心部の学士院を訪ねることにした。

英国学士院は英国における歴史学、哲学、言語・文献学、社会学、宗教学などの発展を目的に設立された学術団体である。欧米諸国の学士院と交流するため一八九九年、設立が提案され一九〇二年、エドワード七世時代に王室勅許を得て設立されている。過去には二十世紀を代表する経済学者、ジョン・メイナード・ケインズ、ノーベル経済学賞を受けたフリードリヒ・ハイエク、著名な彫刻家、ヘンリー・ムーアらも会員だった。現在、その数は国内外の学者約千四百人である。

取材に応じてくれたのは学術出版担当責任者、ジェームズ・リビングトンである。まず、リビングトンは学士院の歴史について手短に説明した。

「英国学士院が創設されたのは一九〇二年です。わが国の学術団体としては比較的新しい組織といえるでしょう」

自然科学者の団体である英国王立協会（ロイヤル・ソサイエティ）が一六六〇年に創設され、万有引力の法則で知られるアイザック・ニュートンも会長を務めていることと比べると、たしかに学士院は新しい団体といえるだろう。欧州各国の人文科学系アカデミー（学士院）に比べても英国学士院の設立はかなり遅かった。その経緯については後述する。ちなみに日本学士院の創設は一八七九（明治十二年）である。リビングトンは続ける。

「中世ラテン語辞書のプロジェクトがスタートしたのが一九一三年です。つまり、学士院ができてから十一年後に始まった事業です。学士院は数々のプロジェクトをやっていますが、このラテン語辞書は初期の最重要プロジェクトの一つでした」

学士院が進めるプロジェクトは大小さまざまである。例えば、調査プロジェクト「子供と遊び」では、一九五〇年代から現在までに英国の子供たちの遊びがどう変化したかを研究している。そのほか、天候が人々の健康や活動に与える影響について研究するプロジェクトもある。毎年、研究者から一万件を超える提案を受け、その中から学士院が五十件程度をプロジェクトに選定する。長期に及ぶプロジェクトも多く、継続中の案件は九百を超えている。そうした多様なプロジェクトの中でも、今回の中世ラテン語辞書づくりは価値の大きな事業に位置づけられた。

「中世ラテン語は英国において千年以上にわたって、いろいろな目的のために使われてきました。それなのに満足できる辞書がなかった。辞書の完成は学士院にとって創設以来、最大の功績です」

リビングトンが語るとおり、今回の辞書の完成は学士院にとって大きな意味があった。リビングトンは続ける。

「わたしたちの歴史は中世ラテン語によって記録されてきました。古典ラテン語だけではその歴史は理解できません。歴史的資料を正確に読み込むには中世ラテン語を理解する必要があります。今回の辞書はそのための道具といえるでしょう。それ以前、本格的な辞書がないため、歴史や宗教などを専門とする研究者は、道具を持たずに素手でこつこつと研究の洞窟を掘ってきました。この辞書の完成で英国人は自分たちの歴史を理解する道具を手に入れたのです。この辞書自体が英国の遺産といえます」

深々と革の椅子に腰掛けながらリビングトンは英国の言語史に言及する。

「世界には日常的に複数言語を使う地域があります。例えばサハラ以南のアフリカの場合、公用語、英語、民族言語など五つや六つの言語を使うケースは珍しくありません。そうした環境で互いにコミュニケーションをとっています。現在の英国では英語のみが通用するようにも見えますが、時代をさかのぼれば、この国も複数言語社会でした。多くの人は英語を話していましたが、フランス語を話す人も少なくなかった。また、書き言葉としては中世ラテン語が広く使われてきました。現在、英語が支配言語になっているという事実は、過去にもそうであったということを意味しません。他国の文献を読み、その国の歴史を探るときに辞書が必要になるのと同様、英国では自分たちの歴史を探る際に中世ラテン語の辞書が欠かせないのです。また、英国の歴史を専門とする世界中の研究者にとっても、この辞書は財産になったと思います」

言葉の端々から辞書の完成を誇る気持ちが伝わってくる。ただ、辞書の編集過程で学士院は歴代編集長に繰り返しコスト削減圧力を加えていた。その点を指摘すると彼は軽く笑みを浮かべた。

「わたしたちの組織は創設当時から資金繰りに苦しんできましたからね。政府から最初に補助金をもらったのはいつだかご存じですか。一九二四年です。創設から二十二年間、わたしたちの組織は政府から補助金をもらわなかったのです。さらにプロジェクトごとに政府から補助金をもらえるようになったのは一九六〇年代です。新しい組織の悲哀といえるでしょうね」

二代編集長のデビッド・ハウレットが学士院から繰り返しコスト削減を要求されていた当時、資金繰りは危機的状況にあった。リビングトンは用意してきた冊子のページをぺらぺらとめくりながら、こう説明した。

「これは学士院の議事録集です。九三年から九四年にかけてのプロジェクトに対する支出を見てみます。全プロジェクトに対する支出は七十三万八千ポンド（当時の為替レートで約一億二千二百万円）です。そのうちラテン語辞書プロジェクトに対する支出は十万三千ポンド（約一千七百万円）です。学士院全プロジェクトの七分の一がこのプロジェクトに使われているのです。金額的には当時、最大のプロジェクトでした」

この団体のプロジェクトの多くは、各大学の教授たちが自分の研究成果を持ち寄り、それをまとめるかたちで発表されている。その場合、研究者たちの給与は各大学から支払われるため、学士院は研究に必要な書籍の購入費、論文集をつくる場合の印刷や製本の経費を負担するだけである。一方、中世ラテン語辞書の場合、編集長や副編集長はフルタイムで辞書づくりに携わり、学士院が人件費（給与）を負担した。作業が長引くことでそうしたコストが学士院にのしかかった。しかも、結果的には「長引く」と一言で片付けられないほど長期にわたるプロジェクトになっている。

「編集者の給与をはじめ、このプロジェクトの経費を最終的に誰が負担するかは難しい問題です。辞書は完成したところで多くの販売が見込めるわけではありません。実際に辞書を利用する人だけにコストを負担させるには無理があります。受益者は後世の人々も含め全英国人と考えられます。将来にわたって英国人が利益を得るのですから、コストを税金でまかなうことには説得力があります。ですからレイサム、ハウレットの二人の編集長のときは学士院が政府から補助金をもらい給与を支払っていました」

たしかに中世ラテン語辞書プロジェクトの場合、それが完成することによって誰が利益を受けるのかが直接的には見えにくい。時間的にも空間的にも受益者が広く分散しているためである。僕にとってこの点が不思議であり、一方でとても魅力、興味を感じるところだった。つまり、ある事業で直接利益を受ける組織や個人が明確な場合、話は簡単である。その受益者に資金やサービス面で応分の負担を求めることに合理性がある。一方、中世ラテン語辞書の場合、受益者がいることははっきりしているが、それが誰であるのかの特定が容易ではない。極端に広く考えた場合、受益者は全人類ともいえる一方、狭くとらえた場合、英国中世のラテン語や文献の研究者という程度になる。

こうやって特定のプロジェクトや行為から利益を受けたり、不利益を被ったりする対象が見えにくいことは珍しくない。例えば、談合や汚職といった事件を考えるとわかりやすい。公共事業における談合によって利益を受ける者は、その事業を請け負うことになった業者である。では談合によって不利益を被るのは誰か。広く納税者ということになるだろう。汚職事件にしても、それによって不利益を被るのは市民や国民、さらに言えば民主主義システム自体と言えるかもしれない。

もう一つ軽減税率を例に考えてみよう。軽減税率（複数税率）とは、特定の品目の課税率を他の品目に比べ低くすることである。欧州では、食品などに加え新聞や出版物などに軽減税率を導入している国が多い。それが受け入れられているのは、「軽減税率の受益者は新聞社や出版社といった企業だけでなく、広く活字文化に親しむ国民、もっと広くとらえると文化自体である」という考え方が定着しているためだ。繰り返すが利益や不利益を受ける対象が明確なケースでは、その事業は進めやすいが、それらが不明確な場合、理解を得るのに集団の想像力に期待することになる。プロジェクトについて「広く世界の人々、そして後世のためになる」という想像力を働かせない限り、誰のための事業であるのか理解されなくなってしまう。

今回の中世ラテン語辞書作成も受益者がとても不明確なプロジェクトだった。そうした事情もあったのだろう。英国学士院と英国高等教育財団は一九九八年、新組織「芸術・人文科学研究委員会」（ＡＨＲＢ）をつくって厳しく審査をしながら、人文科学系の国家プロジェクトに対し資金を提供するようになる。二〇〇五年にAHRBはAHRC（芸術・人文科学研究会議）に引き継がれた。この辞書プロジェクトも編集チーム・メンバーの給与は一九九八年以降、AHRB／AHRCから提供されている。

とにかく向こう岸まで渡りきるしかない

リビングトンは目の前の大きな木製テーブルに中世ラテン語辞書の全十七分冊を置いた。

「これらの分冊をよく見てください。何か気付きませんか。後になるほど分冊は薄くなっています。それぞれのページ数が減っているのです。アルファベットの区切りも乱れています。『M』を作成しているころから乱れは激しくなります。細かく区切って出版していったためです」

分冊をじっくりながめてみる。最初の分冊「A—B」（一九七五年）は二百八十ページ。五冊目となる「I—J—K—L」（一九九七年）に至っては五百四十八ページと最大のボリュームになっている。その後、細かく刻むように出版され、「M」（二〇〇一年）は二百三十四ページ、「N」（二〇〇二年）は八十八ページしかない。「I—J—K—L」の六分の一程度である。

さらに、「P」以降はアルファベットの区切りもまちまちになり、「P―Pel」(二〇〇五年)、「Pel―Phi」(二〇〇六年)、「Phi―Pos」(二〇〇七年)、「Pos―Pro」(二〇〇九年)と、一～二年ごとに新しい巻(分冊)を出版している。ある程度まとまるのを待つことなく、何が何でもその時点で出来上がっているぶんだけでも出版するという意思が区切り方に現れている。

「とにかくプロジェクトが進展していることを示す必要があったためです。辞書づくりが進んでいないことを理由に、政府からの補助金が打ち切られることを懸念したのです。そうなればお手上げでしたから」

実際、プロジェクトへの支援打ち切りの話はあったのだろうか。

「このプロジェクトがスタートしたころのことはわかりませんが、わたしが知る限り、プロジェクトを打ち切ることができないことは学士院の誰もが認識していました。とにかく完成させねばならないと思っていたのです。ボランティアから大量の言語が集められている。その熱意を無視して、『資金が続かないからできません』ではすまされません。万が一、完成させることなく、事業を打ち切ったとしましょう。英国学士院の世界的な評判は地に落ちるでしょう。さすがにそれはできなかったはずです。こうしたプロジェクトは一度、スタートさせると完成するまで止められないのです。ただ、政府がどう考えるかは別問題です。政府の補助金がストップしないよう配慮する必要があったのです」

　欧州アカデミーの中で後発の英国学士院にとり、この中世ラテン語辞書は威信をかけたプロジェクトだった。もっと視野を広げてみると、補助金を出す英国にとっては国家の威信をかけた事業、英国民、特に英国の知識人にとっては民族の能力を試されるイベントだった。アカデミーはこれを途中で投げ出すわけにはいかなかった。

　スタートから完成までに百年という時間を費やした今回のようなプロジェクトの場合、事業のゴーサインを出した人たちがいなくなった後も、後輩たちが事業を継続し、経費は毎年、後輩たちの肩にのしかかる。引き継いだ者たちは、自分が始めたプロジェクトでもないのに、とにかく向こう岸まで渡りきるしかない。途中で沈没したり、引き返したりすることは許されないのだ。

　この話を聞きながら、福井県敦賀市の高速増殖原型炉「もんじゅ」のことを思い出していた。僕は駆け出し記者時代を福井県で送った。当時（一九八八〜九〇年）、「もんじゅ」は建設工事中だった。強い反対があった一方、消費するよりも多くの核燃料を生産する夢の原子炉として期待も高かった。原子力委員会が高速増殖炉の研究開発に関する考え方について、学識経験者の意見を求める高速増殖炉懇談会を設置したのが一九六四（昭和三十九年）二月である。以降、政府は高速増殖炉という夢に向かって突っ走ってきた。しかし、原型炉「もんじゅ」は発電開始（九五年八月）直後から事故が続き、ほとんど動くことなく二〇一六年十二月、正式に廃炉が決まった。一兆円を超す事業費を投じながら、納税者にほとんど利益を還元することなく幕を閉じた。「もんじゅ」の場合も、それを計画した人たちは将来の日本のエネルギー事情に寄与すると信じて夢に向けて歩み出した。資源のないこの国で後世の人々がエネルギーに頭を悩ますことのないよう、その時代の責任において計画を立てたはずだった。

こうしたプロジェクトは「もんじゅ」だけではない。ダムや干拓事業でも、計画がスタートしたときには、それが完成することによって社会が利益を受けると考えられながら、その後の経済状況や市民意識、国際情勢の変化によって事業の必要性が極端に低下することは少なくない。問題は一度始めてしまったプロジェクトは簡単には止められないことだ。その場合、実際は不必要になったプロジェクトに資金が流され続けることになる。

高速増殖炉計画の場合、国民は維持コストに泣かされ続けた。政府は打ち切りを決断できず、ずるずると税金が垂れ流された。後世の日本人に役立つことなく廃炉が決まった「もんじゅ」と、英国の中世ラテン語辞書プロジェクトを単純に比較することはできない。費やされた経費の規模も違う。あまりに楽観的な思想からスタートしている高速増殖炉計画と辞書づくりを比較することは、英国人に失礼かもしれない。ただ、プロジェクトは一旦スタートしてしまうと打ち切りは容易ではないという一点において類似点はある。

かかった費用は計算のしようがない

百年をかけた辞書は現在、全冊が計六百九十ポンドで販売されている。リビングトンはそれをいずれ二〜三分冊にまとめ、計五百ポンドで販売する予定だという。この価格設定でわかるとおり、販売によってこれまでに費やした経費を取り戻そうという気はさらさらない。

「今回のプロジェクトについてお金の計算はある意味、無駄だと思います。最初の『A—B』巻が発売されたのは一九七五年です。その印刷、出版の経費は一万二千七百五十ポンド（当時の為替レートで約八百九十二万円）です。もちろん調査のための費用やスタッフの給与は含まれていません。一九八一年に出たこれ（第二巻『C』）は印刷、出版に四万三千ポンド（同約二千七十万円）かかっています。現在、同じものを出版した場合、その経費はぐんと安くなると思います。コンピューター化とタイプライティングの簡易化で出版経費は格段に安くなっているはずです。中世ラテン語辞書はコンピューター時代の夜明け前に生まれました。印刷、出版の経費が最も高い時代に作成されたといえるかもしれません。また、実際の編集に入る一九六七年以前の費用は計算すらできません。ボランティアたちが無報酬で図書館や教会に通い詰めて言語を採取していった。そうした経費は無視されています。言えることは、お金のために辞書をつくったのではないということです。必要だからつくった。それだけです」

今回の辞書は英国だけでなく、世界の研究者の役に立つ。しかも、現代の研究者だけでなく、後世の人々もこの道具を使うことになる。効果の期待できる地理的、時間的範囲がこれほど広いものの価値を、現在の経済指標で計ることはそもそも不可能なのだろう。

リビングトンから「お金の計算は無駄」と聞かされても、この百年の辞書が完成するまでにどの程度の経費がかかったのかについてはやはり興味があった。それを問うとリビングトンは困ったように頭を振りながら、こう言った。

「それはまったくわかりません。百年も前のことです。資料も残っていません。かなり大きな費用がかかっていることだけははっきりしていますが、その費用を明らかにすべきという声はありませんでした。ただ、政府から補助金が出ていた以上、その時々に納税者に納得してもらう努力は必要でした。だから学士院は編集長に対しコスト削減の圧力をかけたのです。趣味のように辞書をつくるわけにはいかないということだったのです」

人類史の一部をのぞきみるための必要経費

英国学士院は研究支援や学術成果の表彰、慈善活動を中心に数多くの事業を推進している。長期的な事業の場合、学士院内に専門家による委員会が設置され、そうした委員会が直接、事業を管理監督している。中世ラテン語辞書プロジェクトでも特別委員会が設置され、そこで仕事の進み具合がチェックされてきた。

辞書編纂のコストについての考え方をさらに掘り下げたいと思い、二〇一四年の暮れ、中世ラテン語辞書特別委員会の委員長を務めていたオックスフォード大学教授のトビアス・ラインハートを訪ねた。

ラインハートは一九七一年、ドイツ南部フランクフルト郊外の小さな町に生まれた。九歳でバイエルン州の国立中学校に入学しラテン語を学んだ。カトリックの影響の強い地域であり、その中学では古くから、生徒はラテン語を学んでいた。ラインハートは九七年、二十六歳で博士号を取るためオックスフォード大学にやって来て以降、英国でラテン語を研究している。

インタビューはオックスフォード大学内の研究室で行った。すっかり日は落ちている。部屋は物音一つしない。長身のラインハートは古い椅子に腰掛けながらゆっくりと話した。

「わたしの場合、最初に習った外国語がラテン語でした。その後、英語とギリシャ語を学んでいます。ラテン語とギリシャ語を学んだことはとても有意義だったと思います。法律に対する思想をはじめ欧州の文化はいろんなところでローマのものが基礎になっています。ラテン語を身につけるのは容易ではありませんが、知的トレーニングのためにも、それを学習するのは有意義です」

ラインハートは今回のプロジェクトにラテン語研究者として参加しているわけではない。

「わたしはラテン語を専門とする学者ですが、それは古典であって中世ラテン語は研究の対象外です。辞書の目的とわたしの専門には何の関係もないと言えます。ですから作成実務には携わっていません」

オックスフォード大学で教授の職にあったことから二〇〇六年、英国学士院から彼に対し、中世ラテン語辞書プロジェクト特別委員会の委員長に就任するよう要請があった。前任者の引退が決まり、学士院は後任探しを急いでいた。そこで彼に白羽の矢が立った。

「どんな役職かよく知らなかったのですが、この大学のラテン語教授ということだけで適任とされたようです。ただ、プロジェクトの偉大さは認識していました。ヨーロッパでは中世の文化を理解するにはラテン語辞書が必要です。研究者にとって、これほど大切なプロジェクトへの支援を依頼され、断れるはずがありません。やりがいのある任務だと感じました」

委員長の役割は編集チームを指揮すると共に、編集長から進み具合を聴取して年に一度、進捗状況を学士院に報告することだった。また、プロジェクトのための資金を集めることも委員会の役目だった。

「最も重要な仕事は資金集めです。とにかくお金を用意するのです。就任して以降、支援してくれそうな財団に片っ端から支援を申請しました。編集スタッフの給与をまかなわねばなりませんから」

中世ラテン語辞書特別委員会のメンバーは多いときで十人、辞書の完成時には四人になっていた。全メンバーがラテン語の研究者だった。普段メンバー同士はインターネットを利用して意見を交換し、年に一度実際に顔を合わせて会議を開いた。

「みんなラテン語の専門家ですが、辞書の内容について協議することはありません。つねに最大の課題は資金集めでした。作業を遅らせることなく完成させるために、どうやって資金を集めるか。このことばかりを話し合っていたように思います。予定どおり完成させるためにタイピストが足りないとします。その場合、タイプのできるスタッフを雇用することで問題は解決します。ただ、そのためにはお金がかかります。スケジュールと経費の問題をどう調整するかが問題でした」

資金繰りを中心に話し合う特別委員会に経理や営業・経営の専門家を入れることなく、あくまでラテン語の専門家だけで構成した点に、英国学士会の矜持が表れているようだ。

実際に資金面で今回のプロジェクトを最も支援したのは政府内にある芸術・人文科学研究会議（ＡＨＲＣ）である。その資金の元をたどれば税金に行き着く。そのほか二十一世紀に入ると米国カリフォルニアに本拠地を置く非営利財団「パッカード人文科学研究所」が資金支援をしてくれた。

「完成するかもわからないプロジェクトに資金を出す人はいません。だから、我々は支援をしてくれる人たちに、絶対に完成しますと約束しなければなりません。一方、辞書の編集は思ったように進まない。あまりに時間がかかりすぎるため、資金を拠出してくれる人たちの疑心を呼びます。支援を要請するたびに、『本当に完成するのでしょうね』と念を押される。だから編集チームには、少しでも作業をスピードアップしてほしかった。そして、何とか早く完成させたかったんです」

辞書の著作権は英国学士院に帰属している。この辞書の販売価格を決めるのも最終的には学士院である。今回の辞書はプロジェクト始動から完成までに百年を費やしている。そうしてつくった辞書が六百九十ポンドで販売される。これをどう考えればいいのか問うと、ラインハートは少し窓の方向を見るようにして椅子を回した。窓の外はすっかり暗くなっている。

「そもそものプロジェクトはそうした考えのうえに立ってはいません」

ラインハートはそうきっぱりと言って続けた。

「人間は自分たちの歴史や自分たちが暮らしている場所について大いなる興味を抱いています。自然科学にしても人文科学にしても、そうした我々の基礎的な興味があって成り立っています。特に文化人類学の基本は、人間の歴史や文化に対する興味です。英国にとって中世ラテン語は欠かすことのできない歴史の一部です。だから今回、辞書をつくった。経済的観点でこのプロジェクトを語ることに意味はないと思います。長時間にわたって多大なコストをかけてつくったものを、この価格で販売するのですからね。最初から利益を度外視している。コストは人間の興味を満たすために必要だったということでしょう」

辞書の作成に費やされた資金は人類史の一部をのぞきみるための必要経費と考えているようだ。

「自然科学にしても人文科学にしても、商業的観点から正当化すべきでないはずです。研究には商業とは違った観点が必要です」

「必要とされているか否か」が基準

完成したときの感想を聞くとラインハートは照れたようにこう言った。

「正直、ほっとしましたね。わたしたち特別委員会が辞書をつくったわけではありません。難しい作業を丁寧に続けてきたのは編集スタッフです。わたしたちはその資金集めに責任を負っていたにすぎません。完成したことで資金に悩まされなくなったことがうれしかった。プロジェクトの重要性を理解して資金を出してくれた人たちをだますことにならなかったのですから」

特別委員会のメンバーは無給である。オックスフォード大学を中心に、メンバーの出身大学から通常のサラリーは出るが、委員会の仕事への対価はゼロである。ラインハートたち委員会のメンバーもまた経済的な指標を抜きにして、この役割を全うしてきた。

「委員会の誰一人としてお金のためにやっている人はいなかったはずです。経済的な観点からすると委員をやることに意味はありません。人類にとって有益なこと、意味あることに携われるチャンスはそれほど多くありません。委員としてそうしたチャンスを全うできたことは喜ばしいことでした」

現代を生きていると、経済的観点からものをとらえがちである。価値を金銭に置き換え、それを手に入れたり、つくり出したりするために、どの程度の費用が必要であるのかと考えがちである。ただ、金銭というのは価値を計る一つの道具であって、すべての価値がそれに置き換えられるわけではない。当然のことだが人間は本来、経済的利益のためにのみ動くのではない。中世ラテン語辞書プロジェクトの場合、「必要とされているか否か」が思想の柱だった。必要であるなら経済観念を度外視しても人は動くことがあるのだ。

ラインハートのインタビューを終えた僕は、静寂に包まれたオックスフォードの街を駅まで歩いた。頭の中には次々とラインハートの言葉が浮かんできた。「経済的観点でこのプロジェクトを語ることに意味はない」「コストは人間の興味を満たすために必要だった」「商業的観点から正当化すべきでない」「研究には商業とは違った観点が必要」。

たしかにそのとおりだろう。しかし、理想的に過ぎるのではないかとも思った。言うのは易しいが実現するには想像を超える困難があるはずだ。文化的遺産を後世に引き継ぐコストとして応分の費用を負担する。百年前に世界の海を支配した大英帝国時代にスタートしたプロジェクトだったため何とか息絶え絶えでもゴールできたのではないか。七〇年代末に始まったサッチャー政権による新自由主義的財政運営の下では、今回のようなプロジェクトはまともに取り合ってもらえなかった可能性もある。いわんや日本の現状はどれほど文化、特に言葉の保存、維持に積極的だろう。古語や古文書、アイヌ語や沖縄地方の方言などの保存にほとんど関心を示していないのが現状だと思う。

英国で中世ラテン語辞書プロジェクトに携わった人を訪ね歩きながら僕は、知らなかった、もしくは、ほとんど意識していなかった、そんな価値に気付かせてもらえたことを幸福だと思った。

第VII章　偉人、奇人、狂人

英語に対する劣等感

辞書をつくるにあたっては、まずどんな特徴を持った辞書にするかについて検討する必要がある。設計図をしっかりとつくらなければ、整合性のとれた辞書にならない。中世ラテン語辞書の場合、設計段階から『オックスフォード英語辞典（ＯＥＤ）』から影響を受けている。ＯＥＤの設計図を基本にラテン語辞書が作成されている。今回のプロジェクトはＯＥＤがあって初めてスタートできたといっても過言ではない。英国の言語辞書作成史を一つの流れでとらえた場合、中世ラテン語辞書はその到達点と見ることもできる。

最近の英国は、世界でもかなり自国語辞書をつくることに熱心な国である。その熱意の背景に、英国人の自国文化に対する劣等感を指摘してみたい。

英語が現在、準世界語としての地位を確立していることに疑いはない。そのため「英国人の文化的劣等感」と聞いても、日本人にはぴんとこない。ただ、言語を中心とした英国文化の世界化は、十八世紀の産業革命やその後の海軍力を基礎とする英国の国力強大化によって成し遂げられた。十九世紀の後半からは、同じ英語文化圏である米国の国力が増し、しかも英国の旧植民地が経済力をつけていく中、英語は世界中で使われるようになり、その不動の地位を築いていく。

国際社会において英語が確固たる地位を築いたのはここ二百年にすぎず、それ以前、欧州系言語の中で影響力の大きかったのはフランスやイタリア、スペインといったラテン系の言語（ロマンス語）だった。極端に言うと、フランス人やイタリア人、スペイン人にとって英語は学ぶに値する言語ではなかった。『ガリバー旅行記』で知られるアイルランド人作家、ジョナサン・スウィフトは英国学士院設立を提唱するなど英国の学術振興に熱心だったことでも知られているが、彼は「我々の言語は不完全である」と述べ、英語への劣等感を率直に吐露している。

こうした自国語に対する劣等感には、英国の歴史が影響している。イングランドがノルマン人に征服されたのは一〇六六年である。フランス西岸のノルマン地方を治めた王族が、英仏海峡の対岸、イングランド南部を支配下に置くことになった。現在の英国王室の源流はこのノルマン王に求めることができる。

ノルマン王族はフランス語を話していた。そのためイングランドでは支配層はフランス語、一般市民は英語を使うという言語の二重構造が出来上がった。さらに知識層は書き言葉としてラテン語を使用していたため、ラテン語やフランス語が上層、英語は下層の言語という認識が深まり、それによって、本来母国語であるはずの英語に対する劣等感が、英国社会に芽生えることになる。

十四世紀になると王族も英語を使うようになるが、その中には多くのフランス語が混じった。フランス語混じりの英語は何も王族だけのものではなく、当時の英国を代表する詩人、ジェフリー・チョーサー（一三四三〜一四〇〇年）の詩作にもフランス語やラテン語が見られる。英語のみで書かれた詩や散文、論文よりも、フランス語やラテン語混じりの方が気品高く、優雅に感じられたようだ。このあたりの状況は、従来日本人の文書に漢文が混在し、第二次世界大戦後には、英語が多用されることと似ているかもしれない。

最初の英語辞書がつくられたのは十五世紀中ごろと考えられている。修道士だったガルフリドゥスが一四四〇年ごろにつくった辞書で、出版されたのは一四九九年である。ただし、この辞書は英語の見出し（項目）をラテン語で説明する英語・ラテン語（英羅）辞書だった。

そうした中、自分たちの言葉である英語をより洗練し、深く理解しようとする動きが現れる。これには十五世紀にドイツの印刷業者、ヨハネス・グーテンベルクが活版印刷技術を発明したことや一五三〇年代の宗教改革が影響している。新しい印刷技術が欧州全域に広がるに従い、ラテン語と並んで現地語で書かれた書物が印刷されるようになった。また、宗教改革によってバチカンの影響が縮小することで、カトリックの言語であるラテン語の重要性が相対的に低下していく。

この辺の事情については、『辞書の世界史』（ジョナサン・グリーン著）、『辞書の世界史粘土板からコンピュータまで』（トム・マッカーサー著）が詳しい。活版印刷の発明（一四三六年ごろ）から一五〇〇年までの六十四年間に全欧州で出版された印刷本は約三万五千点で、そのほとんどがラテン語で書かれている。一方、一五〇〇年からの百四十年間に英国だけでも、英語の本約二万点が出版されている。技術革新によって書物が大衆の手に渡るようになり、さらに一般市民がカトリックのくびきから解放されたことで、普通の人々でも理解できる現地語の印刷物が増えていった。

ただ、当時の英国人にまとわりついた自国語に対する劣等感はそう簡単に消えなかった。英語での出版物はたしかに増えてはいたが、「英語は欧州の片隅の言語にすぎない」との意識はなお残っていた。十六世紀の英国の言語学者、ユルゲン・シェーファーはこう書き残している。

「愛国者にとっては深刻な問題であったのだが、英語は遅れた言語であり、（中略）素晴らしい文学作品を産み出しているイタリア語には遠く及ばなかった」

そうした中、古典に詳しい作家のトーマス・エリオット（一四九〇ごろ〜一五四六年）が一五三八年に『騎士サー・トーマス・エリオットの辞書』を作成、出版しているが、これも英羅辞書であった。

英英辞書が作成されたのは一六〇四年である。ロバート・コードリーの辞書『アルファベット一覧』で、見出し語は約二千五百。たしかに英英辞書ではあるが、ラテン語の意味を英語で説明した部分も少なくない。実際、この辞書の目的について、「ヘブライ語、ギリシャ語、ラテン語、フランス語などから借りてきた難解な一般英語を理解して、書き言葉としての英語を教えること。そして、容易な言葉に置き換えることで一般の人々の理解を助ける」と説明されている。これは英語がラテン語やフランス語など、さまざまな言語に影響されてきたために、市民には難解な言語になっていたことの裏返しである。

英国は十七世紀以降、産業を興して経済力をつける一方、文化的にも言語による表現環境を整えていく。一六九五年に検閲制度が廃止され出版の自由が確立されると一七〇二年三月、英国初の日刊紙「デイリー・クーラント」が生まれ、英語は次第に読み書き言語としての地位を確立していく。下層階級の話し言葉だった英語が、読み書き言語に役割を広げたといえるだろう。

辞書の父、サミュエル・ジョンソン

さらに十八～二十世紀にかけて、大陸欧州が戦争に次ぐ戦争で疲弊、社会が荒廃していくのを尻目に英国は欧州と距離を置くことで平和と安定を維持し、それを文化の隆盛につなげている。そうした時代に登場したのがこの国の「辞書の父」、サミュエル・ジョンソン（一七〇九～一七八四年）だった。

現在、シェイクスピアと並ぶ英国文学史の巨星と考えられているジョンソンは、英国中部にある人口四千人足らずの寒村、リッチフィールドに生まれた。父が地元で書店を経営していたこともあり、彼は幼いころから字を理解し、九歳のときにはシェイクスピアまで読んでいた。

病気のせいで片耳、片目が不自由となりながらも文学的素養を養い、地元のグラマースクールで古典をたたき込まれた後、一七二八年にオックスフォード大学ペンブルック・カレッジに入学した。家は貧しかったが、母に遺産が舞い込んできたことで大学進学が許されたらしい。ただ、学資は続かなかった。ジョンソンは結局、大学を中退して故郷に帰った。二十六歳のとき二十一歳年長のポーター夫人と結婚し私塾を開いた。ラテン語とギリシャ語を教えたが生徒はわずか三人。ジョンソンは荒い気性で短気だったため、そうした評判が小さな街に広まり、彼の知識の割に生徒は少なかったようだ。

ジョンソンは私塾で教えながら戯曲を書いた。その才能を評価する声もあり、一七三七年、二十八歳でロンドンに出ている。その後、新聞への投稿を繰り返しながら悲劇の戯曲を書くと共に詩人や文献学者として活躍し、次第に「文壇の大御所」としての地位を不動のものにしていく。

詩や戯曲、批評など、さまざまな分野で活躍したジョンソンだが、彼の成し遂げた仕事で、後世に最大の影響を与えたものが、『英語辞典』の編集だった。

十八世紀に入ると言語学者、ジョン・カージーやナサニエル・ベイリーが英語の単語集をつくり流行させていた。英語の本格的辞書が求められ、出版すれば売れると踏んだロンドンの書店主たちが英語辞典の製作に乗り出した。この書店主たちと契約を結んだジョンソンが辞書編集にかかったのは一七四六年。当初、三年で完成させる計画だったが結局、九年近くかけて完成にこぎ着け一七五五年初めには印刷をほぼ終えた。ただ、この辞典の印刷が実際に完了したのは同年四月十五日。約三カ月間、出版が先延ばしされたことになる。ジョンソンが肩書きに学位を記したいと希望したため、同年二月にオックスフォード大学から修士号が授与された後、タイトル・ページの印刷にかかったという逸話が残っている。いつの時代も人は肩書きに弱い。

ジョンソンはほぼ独力でこれをやり遂げたことから、この辞書は「アカデミー（学士院）会員一人による辞書」と呼ばれている。この表現は、欧州におけるアカデミーの歴史や当時、学士院が果たしていた役割を知らないと理解しづらい。

ギリシャ文明が栄えた紀元前三八〇年ごろ、プラトンがアテネ郊外に開いた学校がアカデミーの起源である。ローマ帝国の時代になってアカデミーは消滅するが、ルネサンスが起こりフィレンツェ（現在のイタリア）で一五八三年、「アカデミア・デラ・クルスカ（クルスカ学会）」が設立される。主な役割はイタリア語の純化と保存である。一六三五年には、「アカデミー・フランセーズ（フランス学士院）」がパリで発足し、フランス語の規則を成文化して言葉のルールづくりを進めることになった。ルネサンス以降、欧州各地の学士院が自分たちの言語の保存に中心的な役割を担うようになったのだ。

ジョンソンが辞書編集にかかる百七年前の一六三九年、フランス学士院が本格的なフランス語辞典の作成を始めていた。以降、フランス学士院の会員四十人が辞書編集に協力し、五十五年かけて完成させている。

フランス学士院やクルスカ学会の活動が刺激となり、英国でも学士院の設立を急ぐべきとの意見が出た。実際、『ロビンソン・クルーソー』で知られる作家のダニエル・デフォーは一六九七年、随想の中で学士院の必要性について、「英語はフランス語に劣っておりず、学士院の設立に値する」と述べている。また、ジョナサン・スウィフトは日々、新しい英単語が生まれている状況を嘆き、それを打破するにも学士院をつくるべきだと訴えた。アン女王（一六六五～一七一四年）は学士院設立に関心を持っていたが、次の国王ジョージ一世（一六六〇～一七二七年）は英語が得意ではなく、時折誤った英語を使っていたとさえいわれている。英語に対する思い入れの薄かった彼は学士院設置に興味を示さず、設立の機運はしぼんでしまった。結果的に英国には長年、人文学系の学士院がなかった。英国学士院の誕生は一九〇二年。クルスカ学会に遅れること三百二十年、フランス学士院から二百六十七年後になる。ジョンソンの辞書が、「アカデミー会員一人」で作成されたと評された背景には、英国文化人の学士院に対する羨望や、それがないことへの劣等意識が隠れているようだ。

引用例文を掲載する辞書のスタイル

ジョンソンが完成させた『英語辞典』はクルスカ学会とフランス学士院に寄贈され、欧州で英国の文化的威信を高めることになった。特に英語の完成度を認識させる意味は大きく、この辞書はそれまで文明世界の周縁の島国だけで話されている、とるに足らない方言と考えられていた英語を世界にデビューさせるきっかけとなった。

また、フランスで学士院が主体となって国語の辞書がつくられた一方、英国ではあくまで書店主らがビジネス目的で辞書をつくったことも興味深い。イタリアやフランスと違い、英国で辞書づくりが始まった動機は、文化よりも経済の側面が強かった。こうした歴史を見ると、英国学士院が設立から十一年後に、『英国古文献における中世ラテン語辞書』プロジェクトをスタートさせたことの意味が違って見える。英国にとって学士院が主体となって進める初の辞書プロジェクトなのだ。さらに英国側から欧州各地の学士院に中世ラテン語辞書プロジェクトへの参加を呼びかけていることを考えると、経済や軍事の面だけでなく、文化の面でも欧州のリーダーになろうとする英国人の気負いが見てとれるようだ。

話をジョンソンの辞書に戻す。『英語辞典』に収録されたのは約四万三千語、引用は約十一万例文。彼が実際に集めた引用例文は二十万以上とされ、この辞書によって引用例文を大量に掲載する方法が英国における、その後の辞書づくりのモデルとなった。さまざまな文献から丁寧に引用文を集める手法はその後、ＯＥＤから中世ラテン語辞書にも引き継がれる。これはジョンソンによって生み出されたのだ。

『英語辞典』の四万三千語の中には独特の定義がなされた言葉がある。例えば、「パトロン」についてジョンソンは、「支援・扶助、または保護する人。通例尊大な態度で扶助し、お世辞を報酬とする浅ましい奴」と説明している。また、「辞書編纂者」について彼は、「辞書をつくる者。退屈な仕事をこつこつ続ける人畜無害の存在。言語の起源を求め、その意味を細々と書くことに浮き身をやつす」と自嘲気味に説明している。このようにところどころに見え隠れする遊びの精神は、『新明解国語辞典』（三省堂）に影響していると思えなくもない。また、ジョンソン独特の定義として、必ず紹介されるのが「カラス麦」についてである。彼はこれをこう定義している。「イングランドでは一般に馬の餌とされているが、スコットランドでは国民の食糧となっている穀物」。ジョンソンはスコットランド嫌いとされているが、彼が辞書編集の写字生として雇った六人のうち五人がスコットランド出身だったのは歴史の皮肉だった。

もう一つ、その後の英国の辞書に影響を与えたのがチャールズ・リチャードソン（一七七五～一八六五年）の『新英語辞典』である。リチャードソンはジョンソンの辞書に批判的な立場を取り、言語の定義を大幅に減らした。ただ、言語の意味を説明する方法では、文献から引用するジョンソンのやり方をそのまま踏襲している。

ジョンソンやリチャードソンの辞書によって、英国人が言語的劣等感から少しずつ解放されていく過程で、注目される講演があった。アイルランド・ダブリン生まれの英国国教会主教で詩人でもあったリチャード・トレンチ（一八〇七～一八八六年）が一八五七年に言語学会で行った講演である。演題は、「わが国の英語辞典の欠陥について」。この中で彼は今後、さらに大きな英語辞書が必要であるとの考えを表明し、それがＯＥＤ作成の起爆剤となる。

こうやってみるとわかるとおりＯＥＤに至るまでには、ジョンソン以来の英国の辞書づくりの歴史が積み重なっている。実際、ＯＥＤには、「辞書の父」ジョンソンの影響が見られ、彼の定義を借用した場合、それがわかるように、最後に「Ｊ」をつけているほどだ。

趣味はボート

現在、ＯＥＤを編集、出版しているのはオックスフォード大学出版局（ＯＵＰ）である。この出版局は大学が運営する特権出版社で、英国では法人税を免除されている。設立は一五八六年。大学出版局としてはケンブリッジ大学出版局に次ぐ歴史を持ち、その事業規模は大学出版局としては世界最大である。

出版局の建物は、オックスフォード駅から北東に約十五分歩いたところにある。ウォルトン通りに面した門には太い石柱が四本。門の上部に時計が掛かり、その下に「オックスフォード大学出版局」と表示されている。古い建物だが、内部はリノベーションされ、玄関から中に入り廊下を歩くと、壁には白いひげを蓄えた、歴代OED編集幹部の顔写真や集合写真が並んでいる。

ＯＥＤの歴史について聞こうと編集室を訪ねた。迎えてくれたのは副編集長のジョナサン・デントである。スコットランドの名門セント・アンドルーズ大学で中世からルネサンス期の英文学を学んだ彼は、その後、『カンタベリー物語』で知られる十四世紀の詩人・哲学者のジェフリー・チョーサーを研究対象とした。英国の文学がラテン語やフランス語で書かれることが多かった当時にあって、チョーサーは世俗言語と考えられた英語を中心に物語を紡いでいる。

デントはその後、ケンブリッジ大学に移って中世英文学の研究を続け、二〇一〇年にＯＥＤ編集に加わった。僕が訪れた当時、新言語班のリーダーとして十人ほどのスタッフを率いていた。

「まず、お見せしたいのが最初の辞書です」

デントはそう言って、小さな部屋に案内してくれた。テーブルに、『新英語辞典（ＮＥＤ）』が並んでいた。紅色の表紙はかなり黒っぽくなっている。

「最初の辞書はＮＥＤの名で出版されました。ＯＥＤの名になったのは一九三三年です」

トレンチが「わが国の英語辞典の欠陥について」と題して講演した翌一八五八年、言語学会は新しい辞書を求める決議を採択している。決議が求めたものは、西暦一〇〇〇年以降の文書にあるすべての英単語について、その歴史や綴りの変化を示すと共に、用法と意味を、実際の文献・記録から引用しながら例証することだった。この決議を受け一八五九年、NEDプロジェクトはスタートしている。約六十九年後の一九二八年四月十九日に完成した辞書は全十巻（OEDになったときは十三巻）、約二千人のボランティア言語採取家たちから寄せられた引用例は約五百万、最終的に採用されたのはうち約二百万、一万五千四百八十七ページに四十一万四千八百二十五語が収録されている。「set」の項目だけでも約四十日の編集日数と二十三ページを費やす大プロジェクトだった。

NED編集には英国文学史を代表する研究者たちが携わっている。プロジェクトのスタート当時、大きな貢献をした人物としてデントはフレデリック・ファーニバルの名を挙げた。

ファーニバルは一八二五年、ロンドン西郊の町エガムに医師の息子として生まれている。裕福な家庭に育ち、ボートを趣味として多くの時間を川岸で過ごした。ロンドンのユニバーシティ・カレッジに入学。その後、ケンブリッジ大学に移って酒とたばこを絶ち、菜食主義者になった。ケンブリッジ大を一八四六年に卒業し英文学や英語学の研究をする傍ら、一八四九年には弁護士資格も取得した。一八五三年からは英国言語学会の連帯会長を務め、チョーサー学会、新シェイクスピア学会など多くの学会を設立している。ロンドン留学中の夏目漱石もファーニバルを訪ねたとされている。

言語学会連帯会長に就任した彼がまず取り組んだのが、「完全な英語辞書」づくりで、六年後にはNED作成プロジェクトがスタートしている。初代編集長には言語学者のハーバート・コールリッジが就いたが、就任から二年後、三十一歳で亡くなった。大雨の中、ずぶ濡れになって言語学会の会合にやってきて、そのまま会議に出席したことが原因で肺炎になった。言語研究の虫だった彼の最後の言葉は、「明日からサンスクリット語の勉強を始めなければ」だったらしい。

そして、ファーニバルが第二代編集長になった。彼は自ら多くの言語（引用例）を集め、スリップを仕上げた。完成した辞書にはファーニバルの集めた用例が約三万使われている。デントが言う。

「ファーニバルは辞書づくり以外のことでも忙しかったようです。趣味のボートも楽しんでいました。編集作業自体にはさほど携わらなかったともいわれています。一方、言語集めには熱心で、一八七〇年に編集長を辞任した後も亡くなるまで言語の採取を続けました」

二十五カ国以上の言語が読めた仕立て屋の息子

では、初期の編集作業を実際に指揮したのは誰なのか。デントは文献学者、ジェイムズ・マレー（一八三七〜一九一五年）の名を挙げた。

「彼こそ初版編集で最大の貢献をした人物です」

マレーは一八七九年に編集長となった。彼に関しては孫のエリザベス・マレーが書いた評伝『ことばへの情熱　ジェイムズ・マレーとオクスフォード英語大辞典』（三省堂）が詳しい。それによると、彼はスコットランドの寒村、デンホルムに仕立て職人の息子として生まれている。学者とはほとんど縁のない家系で、『ことばへの情熱』にはこうある。

〈近い血統には農夫、羊飼い、靴下職人、仕立て屋など各種職人がいた〉

ただ、マレーは父からよく、「知識は邪魔にならぬ」と説かれ、物心つく前から書物に特別な興味を示した。生後十八カ月で読み書きができ、七歳を前に身の回りにある本のページをめくってはラテン語やギリシャ語を集め始めたという。一種の言語的天才だったのかもしれない。

十四歳で学校を卒業すると、経済的理由から進学をあきらめて父の仕事を手伝ったこともあった。学問とは縁遠い生活を送りながらも言語に対する執着は尋常ではなく、マレーは独学で多くの言語を習得していく。彼が当時の自分について書いたものがある。

〈一種の言語研究狂になっていた。どんな言語であれ、未知の言語は新しい喜びであった。ヘブライ語であろうとトンガ語であろうと、ロシア語であろうとカフィル語であろうと、少なくとも文法と構文に精通するためにそれらを全部飲み込んだが、語彙を十分勉強したのは稀だった。それでもある時期には、かれこれ二十五またはそれ以上の言語が読めた〉

二十五もの言語が読めたというのは驚きである。博物学者の南方熊楠（一八六七〜一九四一年）も約二十の言語を理解したとされているが、そうした特別な才を持った人間は存在するようだ。マレーの師はヘンリー・スウィートという人物だった。スウィートはロンドンの教養人が話す英語の発音について研究した比較言語学者で、人気ミュージカル『マイフェアレディ』に登場するヒギンズ教授のモデルでもある。つまりマレーはヒギンズ先生の弟子ということになる。

マレーは文献学会の評議員を務めながら英語方言を研究している。そうした活動が認められ一八六八年に言語学会に入会し、ファーニバルと出会う。マレーは当初、自分に似たものをファーニバルに見出したようだ。それは私利私欲のない知識探求、民主的な考えと自由の支持、散歩と外気を好む点、絶対禁酒・禁煙主義などである。二人は急接近し、マレーはNED編集の責任者となるのだが、一八八二年ごろになると二人の関係は難しいものとなっていく。『ことばへの情熱』が彼の言葉を紹介している。

〈小生は、(ファーニバル)氏の判断の正常性と氏の学識の深さに疑義を抱くが故に、本辞典の如何なる点に関しても氏の指図は受けぬ所存であります。それ故に氏は、小生を妨害せんとするのであります。氏は(NEDの)前「編纂者」と自称しておりますが、氏は一語たりとも「編纂」しておりません——資料閲読を監督したのみであります〉

ファーニバルとマレー。言語に対して共に熱い情熱を持つ二人だが、性格や経歴は対照的だ。ファーニバルはイングランド出身。名門ケンブリッジ大学で修士号を取得している。感情豊かでときに周りをどぎまぎさせるほど開放的。一方、マレーはスコットランド出身の教員。地味な性格でつねに控えめだった。

ただ、二人の交流は晩年になっても続いた。ファーニバルは一九一〇年、マレーに宛てた手紙で自分が間もなくがんで死ぬだろうと伝え、辞書の完成を見られないのが残念だと心境を吐露している。ファーニバルはその手紙の書き出しで、マレーの仕事ぶりをほめ、一方、マレーも返信で、「Take」という大きな項目を片付けたことを伝えている。彼らの頭はつねに辞書のことで占められ、他のことが入り込む余地はなかった。こうやってさまざまな人間ドラマを内包しながらＮＥＤ（ＯＥＤ）は編まれていった。

マレーについて話していたデントが、「面白いものを見せましょう」と言って、スリップを保管してある部屋に連れて行ってくれた。スチール棚の引き出しを開けて、一枚のスリップを探し出すと、それを抜き出した。

「dziggetai」

モンゴルの野生ロバを示す英語だった。

「これを見てください。『ここにＤ終わる』と書かれてあるでしょう。マレー氏の筆跡です。そして、『一八九六年十一月二十四日午後十一時』と日時を書いた横に彼はギリシャ語を記しています。『栄光は神のみにあり』。マレー氏は自分の編集作業を、こうやってスリップの角に記録していったのです」

マレーが編集責任者となった一八七九年は、市民がＮＥＤづくりに本格的に参加するようになった年だった。ワードハントへの協力が呼びかけられ、それを書き留めるカードであるスリップの作成ガイドラインができている。それ以降、多くの市民がボランティアとして言語の採取に加わっていく。また国際郵便制度が整備され、英語を使う世界各地の市民からもカードが届くことになった。そして、マレーが編集責任者となって五年後の一八八四年、最初の巻である「A—Ant」が出版された。マレーが七十八歳で亡くなったのは、それから三十一年後の一九一五年。「Trink」から「Turndown」までを完成させたところだった。

人殺しのワードハンター

もう一人、初期の辞書づくりに貢献のあった人物として、デントは英国が生んだ大人気作家であるジョン・ロナルド・ロウエル・トールキン（一八九二〜一九七三年）の名を挙げた。彼は第一次世界大戦の戦場から戻った直後にこの辞書づくりに参加している。

「彼は主に語源の分野で大きな仕事をしたようです」

トールキン学会によると、彼はドイツ系移民の子孫と考えられている。英語研究に秀で、特に古英語から中世英語の研究で功績を挙げた。彼も一種の言語的天才だったようで、フランス、スペイン、イタリアといったロマンス系言語のほか、ドイツ、オランダ、ゲール、ウェールズ、ウラル、フィンランド各語までも熟知していた。彼の書いた『ホビットの冒険』や『指輪物語』『シルマリルの物語』といった小説は世界的にも多くの読者を獲得している。

ＮＥＤでトールキンは主に「Ｗ」で始まるゲルマン系言語の語源を担当した。デントはここでもスリップを一枚示した。

「これが実際にトールキンがつくったスリップです。作成者名は書かれていませんが、彼の筆跡であることがわかっています。『walrus（海洋生物）』のところには、『おそらくオランダから来た言葉である』とのメモ書きがあります」

ＮＥＤからＯＥＤに至る英語辞書づくりでは、大多数のスリップがボランティアによって作成された。そうやって集められたスリップを基に編集していく方法が中世ラテン語辞書プロジェクトに受け継がれた。デントは言う。

「ＮＥＤでは言語研究の好きな人やそれを趣味にしている人によって言葉が集められました。ほとんどが言語に熱い思い入れを持っている人です。中でも飛び切りの奇人が一人います。辞書の世界では、とても有名な米国人です」

彼が紹介したのはウィリアム・チェスター・マイナーだった。この人物については、サイモン・ウィンチェスターの書いた『博士と狂人　世界最高の辞書ＯＥＤの誕生秘話』

（ハヤカワ文庫NF）が詳しい。

マイナーは一八三四年、セイロン（現スリランカ）に生まれた。父はキリスト教（会衆派）の宣教師として米国から現地におもむき、キリスト教の普及に努めていた。マイナーは幼いころから才能豊かで、絵を描いてフルートを吹き、複数の言語を話したという。一方、女性癖が悪く、両親がそれを心配して、彼を米国に帰したほどである。マイナーが十四歳のときだった。

彼はその後、米国東部の名門エール大学で医学を専攻する。彼の人生に決定的な影響を及ぼしたのが南北戦争（一八六一～六五年）だった。北軍の軍医として従軍したマイナーは一八六四年五月五日から二日間続いた「荒野《ウィルダネス》の戦い」に加わった。バージニア州で南北両軍がぶつかり、消耗戦が行われた戦いである。軍医マイナーの役目は、自軍（北軍）から脱走したアイルランド系兵士の顔に「脱走」を示す文字「D」の焼き印を押すことだった。医師でありながら健康な兵士の肌を傷つけるのは辛い任務で、この経験をきっかけに彼は認知症妄想の症状を示すようになる。

南北戦争後の一八七一年、英国に渡ったマイナーは妄想に苦しめられる。そしてロンドンのスラム街で暮らしていたとき、その事件は起こった。一八七二年二月十七日、彼はジョージ・メレットという三十四歳の男性を射殺してしまうのだ。マイナーは「男が自分の部屋に押し入ろうとした」と主張したが、妄想だった。

彼はロンドンで予審を受け、精神障害を理由に無罪となってバークシャー州の施設に終身監禁された。米軍の年金を使って書籍を購入することを許された彼は監禁施設で、終日読書に明け暮れる。この環境下、彼が夢中になったのがワードハントだった。おそらく施設に出入りする書籍販売人からNEDのボランティア（ワードハント）について聞かされたのではないかと考えられている。

一方、資金的に余裕のあったマイナーは、自分が射殺してしまったメレットの妻イライザを経済的に支援した。彼女には十三歳まで七人の子があった。マイナーから経済的な支援を受けるイライザは、毎月施設に彼を訪ね、多くの本を差し入れている。夫を殺害された女性がその殺人犯を訪ねた理由はよくわからない。殺人事件の背景にマイナーの精神疾患があったことが、イライザのあきらめにつながり、彼に対する憎しみを軽減することになったのかもしれない。

マイナーは来る日も来る日も施設で書籍のページをめくっては言語を集めて、その意味や使い方をスリップに記していった。彼が主に言語採取の対象としたのは十六、十七世紀の文書だった。結局、彼は最も多くの言語を集めたボランティアの一人になり、NEDの編集長が定期的にマイナーを訪ねたほどだ。

しかし、ワードハントがマイナーの精神に安定をもたらすことはなかった。彼の精神はその後も不安定なままだったようで一九〇二年には自身のペニスを切り落としている。その後、米国に帰ることが許された彼は統合失調症の診断を受け、一九二〇年に東部コネチカット州ニューヘイブンで生涯を閉じた。

NED、OEDの完成にはある種、精神的バランスを欠いた奇人・変人が貢献していたともいえるだろう。デントは言う。

「こうした歴史がOEDをさらに興味深いものにしていると思います」

OEDは一九七〇～八〇年代にかけて二版が随時、出版されている。一九九〇年代には電子版の作業がスタートして、二〇〇〇年にはオンラインでも読めるようになった。現在電子版では初版、二版の両方が読める。

最も早く使われた例を突き止める

デントが編集局内を案内してくれる。

「ここは事務局です。計画が練られ、ミーティングが行われます」

さらに歩くと、新言語班のスタッフが机を並べていた。

「わたしも普段、ここで働いています。スタッフは新しい言語を探してきては、それを辞書に載せるべきかどうかを検討しています」

ＯＥＤは現在、新たなプリント（印刷）版（三版）の出版が計画され、編集作業は二〇〇〇年にスタートしている。それと並行して、三カ月ごとに電子版に新しい言語が追加されている。

「三版の発行時期は未定です。まず、作業が完了したとき、社会的要求がどの程度あるか。出版にかかる経費はどの程度になるか。それを見て決めることになります」

初版の発行は十九世紀末、「Ａ―Ａｎｔ」の巻でスタートして、最終巻「Ｗｉｓ―Ｗｙｚｎ」は一九二八年に出ている。第二次世界大戦が終わり、ようやく英国社会に平穏な空気が戻ってきた一九五〇年になって、二版の発行を希求する声が上がった。初版出版から五十年で、新しい言語が増えたためである。二版の出版が正式に決まったのは一九五九年。ロバート・バーチフィールドが編集長に就き、それをジョン・シンプソンが引き継いだ。当時は、オックスフォードのバンベリー・ロードにあるジェームズ・マレー庭園内の建物に編集拠点が置かれた。実際に二版の編集が始まったのは七〇年代後半だった。デントは言う。

「初版が全巻出版された後、プロジェクトチームはごく少数のスタッフを残して一度解散しています。収集されたスリップはこのとき倉庫に移されました」

十九世紀に始まったプロジェクトがいまだに二版しか出していないことはむしろ驚きである。辞書の規模が違うため比較にならないが、『広辞苑』の場合、初版が一九五五年に出て七版が二〇一八年に出版された。ほぼ十年ごとに、新しい版が出た計算になる。

ＯＥＤの第二版は全二十巻、重さは六十二・五キログラム。計二万一千七百三十ページに約六十二万語がアルファベット順に収録されている。使われている単語は五千九百万語、引用例は約二百五十万。各言語について発音や語源、語義、例文が記されてある。アルファベットの中で最も多くのページを割いているのは「S」であり、二十巻のうち四巻が、「S」に当てられている。また、最もページを割いている単語は、「set」であり（オンライン版では「make」）、二十五ページにわたってこの三文字について説明している。「set」の説明に使われている言語は六万語以上。ほぼ小説一冊程度を使ってこの一語を解説していることになる。

ただ、ＯＥＤが比類ない地位を占めているのは収録されている言語数のためではない。その詳しさ、特に言葉の一つひとつについて、時間をさかのぼれるだけさかのぼって記述しようとしている点が特徴である。川の流れに例えるなら、河口の景色はひとまず置いて、まず源流をさかのぼり、最初のわき水が出ている地点から川を下ってくるという方法を愚直に守り抜いている。一つの単語について、「十五世紀中旬から使われ出した」といった曖昧な記述を許さず、現存する文献の中で、その言葉が最も早く使われた例を突き止めることにこだわっている。さらにOEDの評価を揺るぎないものにしているのがその用例である。人為的につくり出した用例ではなく、実際に文献で使われている例を紹介して、それぞれにその出典を記している。

こうして言語の源流を探ることにこだわったことで予想外の騒動も招いている。いくつかの言語については、OEDが探り当てた原典よりもさらに古い出典を探そうとする人が現れた。OEDが完璧を目指したからこそ、それを突き崩すことが喜びにつながったようだ。実際、初版全巻が出来上がる八年前の一九二〇年、すでに出版されていた分冊について、『NEDに関する千と一つの覚え書き』という本が出ている。これはOEDが初出として掲載したものよりもさらに古い用例を探し出し、それだけで一冊の本としたものだ。

OEDの目的は、その言語の意味を知ることよりも、その言語が使われてきた歴史的背景を知ることにある。それをよく表しているのが意味の配置順だ。一般の英英辞典では、当然のように使用頻度の高い意味が最初に記されているが、OEDでは古い使われ方から新しいものへ配置されている。使用頻度ではなく時系列で掲載されているのだ。例えば、「nice」の場合、一般の辞書では、「素敵な」「良い」「楽しい」などの意味が最初に並ぶが、

ＯＥＤでは「馬鹿な」「意味のない」という説明から始まっている。その後、「気まぐれ」から「奇異な」「珍しい」という意味に変化していったことが解説されている。源流から河口までの流れをとらえることに主眼を置いているといえるだろう。

しかも、ＯＥＤはそれぞれの言葉について、調べられる限り最も古い引用例を記すことにこだわっているため、用例を読んでいくとそれぞれの言語が生まれてから現在まで、どうやって変遷してきたかを理解することができる。例えば、「nice」の場合、「馬鹿な」という意味で使われたのは一二九〇年で、「良い」という意味で使われ始めたのは一七六九年である。つまり、それより古い文献でこの言葉が出てきた場合、「良い」という意味で解釈してはいけないことになる。ＯＥＤはそれを教えているのだ。現在、出回っている本を読むのにわざわざＯＥＤを利用することはないが、古い英語文書を正しく読むにはＯＥＤが必要となる。

ＯＥＤの三版出版時期は未定であるが、二〇〇〇年には電子版ができ、翌年から随時、新しい言語を加えている。現在、収録されているのは約六十二万二千語で、用例は三百五十万。初版（四十一万四千八百二十五語）の一・五倍に膨れあがった計算になる。

本来、三版出版の必要性がもっと早くに叫ばれてもよいはずだが、電子版がスタートしたことで利用者は最低限、オンラインで新しい言葉や意味を検索できる。デジタルで辞書をつくるようになったことが紙での出版の必要性を低減させているのは世界の潮流である。

言葉の世界は日々変化している。新しい言語が登場することで、古い言葉は使われなくなり、意味も変わっていく。デジタルはその変化をとらえるのに適している。紙に印刷する場合、言葉について調査・検討した時期と、印刷して出版する時期との時間差が大きいぶん、変化を十分に反映できない。つまり印刷物としての辞書は、一瞬を切り取るスティル・カメラの映像に似ている。ビデオ映像は対象物の動きを流れでとらえる一方、スティルは静止した状態で把握する。デジタル媒体の登場は辞書づくりに決定的な影響を与えている。その意味では、日々変化する現代の日本語や英語の辞書をつくる場合、デジタル媒体が便利である。一方、ラテン語や日本の古語のようにすでに変化を終えて固まった言葉の場合、紙媒体のハンディは小さく、閲覧性に富んでいるという長所を考えれば、これからも十分に役割を果たせるだろう。

「リベンジ・ポルノ」や「ブレグジット」はどうするか

デントの後をついて編集室を歩く。

「こっちが科学に関する言語班です。この班には新しい言語が次々に追加されます。動植物の種に関する言語や科学技術に関する言語には新しいものが多いですから。科学担当の編集者がいます。科学の専門家です」

ＯＥＤの正規編集者は七十人。全員オックスフォード大学出版局（ＯＵＰ）の職員である。ＯＵＰは大学からの補助金で運営され、大学の研究者らで構成する理事会が出版物、財政をチェックしている。

「語源学の専門家もいます。あなたが来るので日本語語源の英語について調べました。約五百ありましたね。地理的距離の割には多いと思います」

ＯＵＰは日本語を含め他言語の辞書も出版している。

ＯＥＤはあくまで辞書であって百科事典ではない。そのため図解はない。例えば解剖を表現する言葉の場合、図があった方が理解しやすいはずだが、そうした場合でも図は描かれず徹底的に言葉の意味を探っている。基本的に固有名詞は収録していない。

今でも時折、ボランティアから新しい言葉が寄せられる。最近は電子メールで送られてくるケースも少なくない。ただ、それがすぐに辞書に載ることはない。新しい言語として加える基準についてデントはこう説明した。

「その言葉がどの程度の寿命を持っているか。そして活用頻度です。あとは歴史的な重要性でしょうか」

どれだけ多用されている言語であっても流行語をそのまま掲載することはない。時間に耐える言葉であるかどうかが判断基準になる。すぐに消えてしまうような言葉はこの辞書には載らないのだ。そこで、当時世間やメディアを賑わせていた「ＩＳ（イスラム国）」をどう扱うか、デントに聞いてみた。

「そもそもＯＥＤは固有名詞を掲載していません。固有名詞であっても、その言葉が別の意味で使われたとき、つまり形容詞として使われたときなどに掲載について検討します。例えば、『グリーンピース』という言葉を考えてください。元は環境団体の固有名詞です。それが最近では、環境問題に関心を持っている人々を示すときにも使われています。そうなると、この言葉をＯＥＤに加える必要があるのです。ＩＳの場合、どうでしょうか。最初に、その組織が本当に存在するのかどうかを確認しなければなりません。メディアを賑わせているだけでは存在を確認したことにはなりません。また、形容詞として使われているか。言葉の寿命をどう判断するか。それを見極めるには時間がかかると思います」

固有名詞は掲載せず、それが別の意味で使われる場合に初めて掲載が検討されるという。そうしたケースは少なくない。例えば、ギリシャ時代の哲学者、「ソクラテス」は本来、人名であり固有名詞である。一方、この名前は賢人一般を表す言葉として使われている。「やせたソクラテスたれ」といった使われ方がそうである。そうやって固有名詞が別の意味を持つようになるとＯＥＤは意味の確定が必要と判断する。

編集部に届いた新語を電子版に加えるには平均で十年以上かかるという。その過程で、言葉の寿命、頻度、重要性を見極める。しかも、ＯＥＤの場合、それぞれの言葉が最初に使われた文献を探す必要がある。十九世紀と比べ、現在の出版点数は膨大である。最近はツイッターのようなソーシャル・ネットワーキング・サービス（ＳＮＳ）上の言葉も対象となる。その中から原典を探すのは容易でない。

「例えばわたしたちは二〇〇七年以来、『リベンジ・ポルノ』という言葉を加えるかどうかで検討を続けています（二〇一五年八月に新語として追加）。かなり普及している言葉です。この使われ方を確認しながら、いつこの言葉が使われるようになったかを探らねばならないのです」

まるで言語探偵のような作業である。

二〇一六年十二月にＯＥＤ編集部は、英国の欧州連合からの離脱を表す「Brexit（ブレグジット）」を新語として追加した。この言葉が生まれてほぼ五年での追加であり、編集部は「かなり早い追加となった」と表明している。面白いのは、発音として英国式の濁らない「ブレクシット」が先に掲載され、米語の「ブレグジット」はその後で記載されていることだ。日本では一般的に米国式「ブレグジット」が普及しているが、ＯＥＤはやはり英語を米語に優先させた。

ボランティアのワードハンターから送られたスリップを使って言葉の源流を突き止め、そこから各言葉の意味の変遷について、文献を明示しながら解説していくやり方がＯＥＤの手法である。中世ラテン語辞書プロジェクトはこうした方法を引き継いだ。辞書の設計図や表記だけでなく、慌てることなくじっくりと時間をかけて言葉の引用例を探ろうとする姿勢もＯＥＤからの伝統である。

第Ⅷ章　ケルト文献プロジェクト

英国とアイルランド

『英国古文献における中世ラテン語辞書』には兄弟プロジェクトがある。ケルト文献の辞書である。

英国で中世ラテン語辞書づくりがスタートした当初、このプロジェクトはアイルランドをはじめとするケルト古文献のラテン語も対象としていた。その後、英国（イングランド）分とアイルランド（ケルト）分に枝分かれし、『ケルト古文献における中世ラテン語辞書』プロジェクトがスタートしている。

弟筋に当たるケルト文献の辞書づくりはアイルランドの首都ダブリンの王立アイルランド学士院で編集作業が続いている。一九九〇年から編集長を務めるアンソニー・ハーベイをダブリンに訪ねた。

王立アイルランド学士院は、ダブリン中心部を東西に走るドーソン通りにある。一角はダブリン湾に注ぐリフィー川の北側に位置し、政府機関が集まった地域にも近い。共和制を敷いているアイルランドで、「王立」を冠しているこの学士院の名はやや奇異だが、それは学士院が設立された一七八五年当時、アイルランド全土が英国支配下にあったためである。アイルランドが一九四九年に英連邦から離脱して共和制に移行したとき、学士院の名称から「王立」を外す選択もあった。ただ、アイルランド北部はその後も、「北アイルランド」として英国の一部となっている。王立アイルランド学士院の対象地域はこの北アイルランドを含む全アイルランドであるため、「王立」の冠をその名にとどめ今に至っている。

学士院が入るのは一七五〇年に建設された石づくりの荘厳な建物である。「アカデミー・ハウス」の名で親しまれているこの建物に、学士院が移ってきたのは一八五二年。建物内の会議室は、アイルランドが生んだ著名な建築家で、ダブリンの自然史博物館を設計したことでも知られるフレデリック・クラレンドン（一八二〇〜一九〇四年）が一八五四年にデザインし、その内装の美しさはつとに知られている。

ハーベイはこの建物の四階にある編集室で迎えてくれた。彼は一九五八年にケンブリッジで生まれたイングランド人である。高校でラテン語を学び、ケンブリッジ大学に入ってケルト系言語を研究し、博士号を取得している。

大学時代に知り合った栄養士の女性と結婚し一九八三年、研究員としてダブリンにやってきた。数年間研究をした後、英国に帰るつもりだったが、八五年にこの辞書作成プロジェクトに関わるようになった。当時、このプロジェクトは、ハンス・オスカンプという博士が一人でこつこつと進めていた。彼が去ってハーベイが初代編集長に任命されたのは九〇年だった。以来、彼はダブリンで暮らしている。

ハーベイがまず説明したのは、「ケルト古文献」についてだった。

「わたしたちが言葉集めの対象とする文献にはアイルランドのほかスコットランド、マン島、ウェールズ、コーンウォール、ブルターニュが含まれます」

スコットランド、ウェールズ、コーンウォールはそれぞれグレートブリテン島内の北部、西部、南西部に位置する。マン島はグレートブリテン島とアイルランド島の間にある小さな島である。

そして、ブルターニュだけが欧州大陸にある。フランスの西端、英国海峡に向かって突き出ているのがブルターニュ半島である。古くはケルト民族が暮らし、庶民はブリトン語と呼ばれるケルト系言語を話していた。一九六〇年代までは、多くの住民がこの言葉を話していたとされる。

ハーベイの説明はケルト民族の歴史に移る。

「ケルト人はかつて欧州各地に広範囲に住んでいました。最初にケルト人がグレートブリテン島に渡ってきたのは紀元前六世紀ごろです。ローマ時代、その島はケルトに支配されていました。五世紀になってアングロ・サクソンが侵入した際、ケルトの多くが西方に追いやられ、一部はフランス・ブルターニュに渡りました」

グレートブリテン島に暮らしたケルトの人々は四四九年、ゲルマン系のアングロ・サクソンの侵攻を受けて北、西、南の三方に逃げた。その後、ケルトの人々はそれぞれの地域で自分たちの言語や文化を守ってきた。

ケルト系六地域の言語はそれぞれどの程度、似ているのだろうか。

「源流は同じですが、大きく二つに分けることができます。アイルランド、スコットランド、そしてマン島の言葉はゲーリック語と呼ばれます。もう一つは、ブリティッシュ系ケルト語と呼ばれるものでウェールズ、コーンウォール、ブルターニュの言葉がそれに当たります」

アイルランドの辞書づくりの源流は英国学士院の中世ラテン語プロジェクトである。英国学士院は最初、全グレートブリテン島の中世ラテン語を対象としていた。ただ、ウェールズ、スコットランド、コーンウォールの三地域の中世ラテン語はこの島にありながらも英国よりもアイルランドのラテン語に近かった。そこで、英国、アイルランド両学士院が合意して、ケルト系文献のラテン語については英国の辞書から分離させてダブリンで編集することとなった。ただ、その後もアイルランドの編集作業チームは日常的に英国のプロジェクトチームから協力やアドバイスを受けてきた。

「本来は、分離した時点で英国学士院のプロジェクトを、『イングリッシュ古文献における中世ラテン語』とすべきでした。そのまま『ブリティッシュ古文献における中世ラテン語』と表記したため、名前と実態が異なることになりました」

日本語では、「イングリッシュ」「ブリティッシュ」を共に、「英国」と表記するためその違いがわからない。「イングリッシュ」とはあくまでイングランド人を示し、「ブリティッシュ」には、「ブリテンの人々」「ブリテン語を話す人々」という意味がある。つまりケルト系民族を含む言葉なのだ。そのほかに、「ブリテン島の人々」という意味もあるため今では、イングランド人を含む全英国人を指すようになったが、言葉の意味をさかのぼれば、ブリティッシュとは、イングランド人（イングリッシュ）よりもむしろウェールズ人（ウェルシュ）やスコットランド人（スコティッシュ）といったケルト系の人々を指すと考えるべきである。

英国学士院が中世ラテン語辞書の作成にとりかかった一九一三年当時、英国とアイルランドの関係は揺れ動き、それが辞書作成に微妙な影響を与えていく。

イングランドによるアイルランドの植民地化は一一六九年のノルマン人侵攻がきっかけだった。ノルマン人によるアイルランド支配を警戒するイングランド王ヘンリーはその二年後、軍を率いてアイルランド島南東の港町、ウォーターフォードに上陸している。これがイングランド王による最初のアイルランド島上陸である。その後、アイルランドでは内戦が続いたほか、イングランド共和国を率いたクロムウェルの侵攻も受けた。

一七八九年にフランス革命が起きると、アイルランドでは英国の影響力を排除すべきとの声が高まった。民族主義の高まりである。その動きを警戒した英国は一八〇〇年に連合法をつくり翌年、アイルランド議会を廃止する。ここにアイルランドは完全に英国に併合される。

つまり英国で中世ラテン語辞書の作成プロジェクトが始まった一九一三年当時、アイルランドは完全に英国の一部だった。それを考えると、プロジェクトがケルト文献も対象とし、その名に「ブリティッシュ」という言葉が入っていることは自然だった。

第一次世界大戦（一九一四〜一八年）では、英国の敵国ドイツがアイルランドの独立運動を支援し、英国が警戒を強めた。そして、大戦が終わるとアイルランド独立戦争が発生する。その結果、英愛条約による講和で一九二二年、南部・西部アイルランドの二十六地域が英国から分離して、アイルランド自由国が生まれた。英国の中世ラテン語辞書づくりが具体的作業に入ったのはちょうどこの時期である。アイルランドが正式な国名を、「エール」とアイルランド語で表記したのは一九三七年である。アイルランドで改めて独自文化が意識されるようになったころ、英国学士院による中世ラテン語辞書づくりが本格化している。

第二次世界大戦終戦から四年後の一九四九年にアイルランドは英連邦から離脱して共和制国家が誕生し、これをきっかけにアイルランドではケルト文化を見直す動きがさらに盛んになった。

カトリックの影響

ハーベイの話を聞いているとき学士院の院長、ローラ・マホーニーが顔を見せた。彼女はレスター生まれのイングランド人である。サセックス大学で歴史学を学び、一九九六年にアイルランドに来てダブリン大学で修士号を取得している。九九年に学士院に加わり、二〇一三年に学士院長に就任した。当時、二百二十八年の学士院の歴史で二人目の女性院長誕生として地元で話題になった。

マホーニーは簡単に自己紹介した後、英国のエリザベス女王が二〇一一年にアイルランドを初訪問し、それを受けるかたちで一四年にはアイルランドのヒギンズ大統領が英国を初訪問したことを話題にし、「英国とアイルランドの関係にとって大変意義深い相互訪問になりました」と語った。その会話の中で、いくつか英語とは思えない言葉が混じった。ハーベイが説明する。

「お気付きですか。彼女は今、一部をアイルランド語で話したのです。イングランド人でアイルランド語を話せる人はほとんどいません。彼女はイングランド人ですが、アイルランド語が話せるので、いつもこうやってイングランド人やアイルランド人を驚かせるのです」

イングランド人であるマホーニーが、どれだけ自分がアイルランドの文化を尊重しているかを端的に示し、しかも相手の興味を引くにはいい方法だった。ハーベイ、マホーニーは共にイングランド人である。アイルランドとイングランドの歴史を考えるとき、イングランド人によってケルトの中世ラテン語辞書が作成されることに、アイルランド側には複雑な感情を抱く人もいるのかもしれない。そのため二人はアイルランドへの敬意を忘れないよう心掛けている。マホーニーのアイルランド語もその一端だった。

アイルランドは現在、アイルランド語と英語を公用語としている。ハーベイが編集している中世ラテン語辞書はケルトの文献から収集した中世ラテン語を説明している。アイルランド語で中世ラテン語を解説しているのではなく、あくまで英語で説明しているのだ。

「現在、ケルト語を話す人は少なく、ラテン語をアイルランド語やウェールズ語で解説することは有益ではありません。そのため使用人口の多い英語で解説しています」

ケルト系文献のラテン語の特徴について、ハーベイはこう説明した。

「ローマ帝国との関係においてアイルランドは興味深い歴史を持っています。アイルランドはローマの支配を受けたことがないのです。ローマはイングランドにもフランスにも、そしてウェールズにも侵攻しました。しかし、アイルランドには一度もやってこなかった。ローマはアイルランド侵攻を計画しましたが、実際にやってくることはなかった。以来、アイルランドと英国の歴史は決定的に違うものになりました」

では、ローマの侵攻を受けなかったアイルランドで、なぜラテン語が使用され続けたのだろう。

「ローマ時代、アイルランドではあまりラテン語が使用されていませんでした。ラテン語が使われたのはカトリックの影響です」

アイルランドにキリスト教を広めたのは聖パトリック（パトリキウス）である。四世紀後半にウェールズに生まれたケルト人である彼は、十六歳でアイルランドの海賊に拉致されて奴隷となる。その後、逃亡生活を経て一旦、ブリテン島に戻った後、欧州大陸でキリスト教を学んだ。キリスト教を布教するよう啓示を受けたパトリキウスは四三二年、アイルランドで伝道を始める。聖パトリックの布教活動によってアイルランドはカトリックの影響下に入り、五世紀後半になってここにラテン語が広まっていく。それは西ローマ帝国崩壊（四七六年）の時期とほぼ重なっている。

聖パトリックはアイルランド島にカトリックを普及させただけでなく、言語を中心にラテン文化を広めている。アイルランドが欧州と文化的一体感を共有する要因の一つは聖パトリックの活動のためである。アイルランド人にとって聖パトリックは今なお特別な聖人であり、毎年彼の命日（三月十七日）である聖パトリックデーは世界各地で大きな祝祭行事が行われ、アイルランド系の人々が緑の布をまとって街に繰り出す。

ハーベイが編集している中世ラテン語辞書は、アイルランドを中心にケルト文献特有の言語を集めている。ケルト地域特有のラテン語というのはそれほど多いのだろうか。源流は古典ラテン語であり、それが各地域の影響を受けて中世ラテン語をつくっている。地理的に近い英国文献のラテン語とどれほどの違いがあるのだろうか。

「中世ラテン語の中でも他の地域と違う言葉、つまりケルト地域に特徴的に表れている言葉を集めています。そうした言語は少なくありません。例えば、沼地に関するラテン語はアイルランドに多く表れます。また、海面の潮位を示す言葉もアイルランドには数多くあります」

欧州各地域には、ラテン語で表現できない現象や事象がある。そうした場合、それぞれの住民が新しいラテン語をつくり上げてきた。勝手気ままに言語をつくることはできないのでそうした場合、ラテン語以外の言語を借りてきて、新しい言葉をつくることが多かった。ケルトの中世ラテン語には、ギリシャ語を起源とするラテン語が三千九十九語、ヘブライ語起源の七十一言語ある。

ハーベイによると、言語はその地理的要因に強い影響を受けるという。ローマ地域には沼地が少なかったため、アイルランドの人々は沼地を表すラテン語を自分たちでつくる必要があった。

また、ローマの中心部は地中海地域である。地中海は内海であるため潮位の変化が緩やかで、その変化の幅は一メートル以下とされる。そのため古典ラテン語には潮位を示す言葉が一つしかなく、大西洋など外海に面したケルトの人々は潮位の変化を表現するため自ら言葉をつくる必要に迫られた。ハーベイによると、潮位に関連した言葉でケルト特有のラテン語は少なくとも十一になる。

詳しく見てみよう。ラテン語で潮位を表現する言葉は、「aestus」だけである。一方、ケルト文献では次のようになる。

「adsis(s)a」（潮位の変化、洪水）
「adundatio」（高い水位、最高潮位）
「contractus」（小潮）
「deundare」（引き潮）
「discurrimina」（潮の満ち引き）
「dodrans」（潮のうねり）
「fluctificare」（潮を起こす）
「hyperbolice」（潮が壊滅的な高さまで達する）
「ledo/lido」（ごく小さな潮）
「malina/mallina」（急に高くなる潮）
「rheuma」（潮の動き）
＊訳は代表的なもの

ケルトの人々が「潮」を表現するのにいかに多彩な言葉を使っていたかがわかる。ハーベイが続ける。

「ローマ人は潮位を気にかける必要のなかったことがわかります。一方、ケルトの筆者たちは、潮位について表現するため、新しい言語をつくり出そうと努力し続けたのです。潮位関連の言葉を調べることによってケルト民族の歴史や思想が垣間見えます」

年代もののコンピューターが活躍

次に英国学士院の辞書とのつくり方の違いをハーベイが説明した。最大の違いは、ダブリンではコンピューターを利用していることである。

「オックスフォードではボランティアの集めた手書きのスリップを使っています。わたしたちのやり方はそれとは異なります。ボランティアが文献から言語を集めるという方法を取っていません。すべての中世文献をコンピューターに入れ、コンピューターがそのデータベースから言語を探してくるのです。こちらのプロジェクトが遅れてスタートしたため、ハードハンターの役割をコンピューターに任せることができました」

コンピューターを利用しても作業が膨大であることに代わりはない。ハーベイたちはケルト古文献のすべてを一つひとつタイプしてデータベースを作成した。そのうえでタイプした文章と原文が合致していることを確認する作業は四度にわたって行われ、その際にはボランティアの手を借りている。

作業はまずケルト文献の書誌を作成することから始まった。ケルト民族が書いた中世の文献についての情報を可能な限り集め、それらをコンピューターでデータベース化していった。コンピューターを効率的に使うため、北アイルランド・ベルファストのクイーンズ大学教授でコンピューター科学を専門とするジャック・スミスに編集委員として協力してもらっている。こうして一九八〇年から九五年まで十五年間かけてコンピューターを使った言語採取が行われた。

「とても短い文章では、石に彫られた文献もあります。また、大変、ボリュームのある哲学書籍もあります。言葉は七百万から八百万になったでしょう」

ハーベイは、「データベースをお見せしましょう」と言ってコンピューターの置かれた机の前に座った。今では見かけないほど古い大型コンピューターである。博物館での展示にも耐えうると思えるほどの代物だ。「どうしてこんな古いものを使っているのですか」と問うと、ハーベイは笑いながら答えた。

「ここに来た人はみな同じ質問をします。ソフトウェアとの関係です。このコンピューターは九〇年に購入しました。以来、『フィンバー』と言うソフトを使っています。新しいコンピューターにはそのソフトが入っていないのです。だからこれを使っているんです。

コンピューターが壊れたら、新しいソフトを使うしかないと思いますが、今のところ問題なく動いてくれています。古いということは必ずしも役立たずを意味しません。事実、このパソコンのソフトは古いですが、とても使いやすい。わたしたちが最後の利用者であることに誇りを持っていますよ」

と言ってハーベイはその年代物パソコンをクリックした。

「AからCの言葉がアルファベット順に並んでいます。約二十万言語あるでしょう。こうやってこの言語がどの文献で何回使用されているかがわかります。文献のどこにあるかも明示されるので、とても簡単に元の文献を探すことが可能です。このデータベースをつくるのに大変な手間がかかったのです」

英国の辞書編集作業では、手書きのスリップを基に言葉を一つひとつ、原本に当たって確認作業を続けた。一方、アイルランドの編集作業はコンピューターを利用してデータベースをつくることに精力が注がれた。

ダブリンで辞書プロジェクトが動き出した当初、コンピューターをどうやって利用するかについて試行錯誤の連続だった。ハーベイの言葉には懐かしさがにじんでいる。

「八〇年代はあまりコンピューターを知らない時代でした。アイルランド共和国のどこを探しても辞書の容量に対応できるコンピューターがなかった。ベルファスト（北アイルランド）のクイーンズ大学にはそれに対応できるコンピューターがあることがわかりました。だから、わたしがデータベースの作成を始めた当初、最大の問題はダブリンで作成したデータをどうやって約百六十キロメートル離れたベルファストまで送るか、ということでした」

王立アイルランド学士院は最初、電話回線を使ってデータをベルファストまで送ろうと試みた。ところがデータが大きいため時間がかかりすぎ、しかも回線の状態が不安定で、間違ったデータを送ってしまう可能性があることがわかった。効率を優先するあまり、データが変化してしまっては意味がない。そこでデータをデジタル化して送る案が浮上した。しかし、それにも問題があった。

「アイルランド共和国（ダブリン）と英国に属する北アイルランド（ベルファスト）のシステムが異なっていたため、ダブリンでデジタル化した情報をベルファスト側で受け取れなかったのです」

結局、その後、アイルランドと英国の郵便局が同じシステムを利用することになり、デジタル情報を相互にやりとりできる環境ができた。作業スタート時期がちょうどコンピューター化と時を同じくしたためさまざまな問題が次々降りかかり、しかも、両国の歴史的な経緯の名残とも言える障壁が横たわっていた。そのたびにハーベイたちは頭を悩ませながら、一つひとつ問題を片付けていった。ハーベイはパソコンを動かしながら、ちょっと言葉で遊んでみせた。

「データベース化することによって、面白いことがわかります。例えばこれを見てください。『聖（セント）パトリック』を調べるとしましょう。千四百五件がヒットします。千四百五文献が聖パトリックについて言及しているのです。それをさらに絞ります。ブリテン島のケルト文献でしかも特定の時代で調べると、たった五件です。この時代にブリテン島では聖パトリックは影響力がなかったといえますね」

集めるよりも大変な捨てる作業

ダブリンでの編集作業はオックスフォードと比べてもさらにこぢんまりしている。フルタイムの編集者はハーベイ一人。そのほかにアルバイトとして編集を手伝うスタッフが二人いるのみである。こうやってインタビューをしている間も、僕たちの横でアルバイトのアンジェラ・マルトハウスがパソコンで作業を続けていた。

当初はアイルランド文献にあるすべてのラテン語、つまり古典と中世ラテン語すべての辞書をつくる計画だった。ただ、この陣容でその作業をした場合、完成には百年以上の時間がかかることがわかった。そのため古典を捨て、中世ラテン語だけの辞書をつくることになった。古典も含めた場合、約十五万語になると見られたが、中世ラテン語だけに絞ったところ約十パーセントの一万五千語程度になった。

上巻（「A—H」）は二〇〇五年に出版された。アルファベット二十六文字の中で、「H」は八番目の文字であるが、中世ラテン語の分量は「A—H」でほぼ半分になる。「C」を頭文字とする言葉が多いためである。年平均一千語のペースで編集作業を進め、二〇二三年に下巻「I—Z」を完成させる計画だ。

「スタッフが少ないため、作業が思うようにはかどりません。コンピューター化して作業を効率化したのはよかったのですが、そのために用例数が驚くほど増えました。オックスフォードの編集は手書きのスリップを基にしているため、そこに書かれてある用例を確認することになります。そのため用例数は自ずと限られます。一方、わたしたちはコンピューター化したので、一言語ごとに千や、ときには一万もの用例がパッと出てくる。用例を集めるよりも、捨てる作業が大変なのです。オックスフォードでの作業は加えていくことが中心になり、ダブリンでは削っていくことが主になります」

ハーベイは一九八五年から約三十年間、こつこつと中世ラテン語の森を歩いてきた。二十七歳でこのプロジェクトに携わり、辞書が完成する予定の二〇二三年には六十五歳になる。生涯をこの作業に捧げたと言えるだろう。何が彼をこの辞書づくりに打ち込ませてきたのだろう。

「この辞書が絶対に必要だと思っているからです。歴史、言語、地理、政治。ケルトについて深く学ぶには中世ラテン語を理解する必要があります。この辞書はその学習を下支えするものです。中世の欧州文化はラテン語によって保存されてきました。考古学者が遺跡を掘るように、辞書編集者はラテン語の森を探索するのです。この辞書によって中世の文化と現代がつながります。考古学が興味深く、やりがいある作業であるのと同様、辞書編集は刺激的なのです」

英国の中世ラテン語辞書プロジェクトを起点に欧州十六カ国で同様の辞書づくりが進んでいる。ハーベイはこの十六プロジェクトを「欧州の家族」と呼んだ。そして英国とアイルランドのプロジェクトは「兄弟」である。「兄」の完成後も、弟プロジェクトが継続されている。

第IX章　日本社会と辞書

民族の誇りとしての辞書

英国で中世ラテン語辞書プロジェクトを取材しながら、日本社会との違いや共通点について思い巡らすことが少なくなかった。言葉、辞書、時間、市場原理、身体性。英国人による辞書づくりというプリズムを通すことで、そうした点について日本社会の姿が見えてくるかもしれない。僕にはそうした期待があった。

二〇一五年夏にロンドンから日本に戻ると、辞書の研究者や編集者、さまざまな分野で言葉や身体性に関心を持っている人を訪ねた。それは日本を意識しながら英国について考えると共に、英国を意識しながら日本社会を考察する作業でもあった。

英国で中世ラテン語辞書の必要性を最初に説いたロバート・ウィトウェルは国内の大学に対し、「学生たちに装備を提供しようではないか」と提案している。フランス人がつくった辞書（デュ・カンジュの辞書）に頼ることなく、英国人の手で辞書をつくろう、それが未来を担う若者たちの役に立つと呼びかけたのだ。ウィトウェルの言葉には、産業革命によって英国が世界の一流国になった今なら、文化的にも誇れる実績を残せるとの自信が内包されている。

言葉は民族を立てるときの柱である。そのため言語辞書は近代国家の成立と密接な関係にある。日本語もその例外ではないはずだった。まずは日本語研究者で辞書の歴史について数々の本を書いている清泉女子大学文学部教授の今野真二を大学に訪ねた。

清泉女子大学の出発点は、スペイン系の聖心侍女修道会から来日した三人の修道女が一九三五年に開設した「清泉寮」にある。一九五〇年に四年制の女子大学になった。本館校舎は大正時代に英国人建築家、ジョサイア・コンドルが設計した旧島津公爵邸である。学内に立ち入るとすぐにこのイタリア・ルネサンス様式の洋館に迎えられる。歴史を感じさせるこの建物のためかキャンパスは落ち着いた雰囲気に包まれていた。

今野の研究室もこの本館内にある。本館の玄関で待ってくれていた今野が、「僕の研究室はかつて、(旧島津公爵邸の)野菜など食物の貯蔵庫として使われていた部屋だったらしく、そのために床を少し低くしてあるようです」と言いながら研究室まで案内してくれる。その研究室は壁に沿って書籍が天井まで積まれていた。今野は日本語の辞書史を手短に説明してくれた。

「日本の場合、国語（日本語）の辞書がそろい始めるのは明治二十（一八八七）年前後です。明治十八年ごろに最初の辞書ができ、『言海』が出たのが二十四年です。ちょうど日本が近代国家として成立し、国家を建てたころです。辞書をつくる条件が整い、その気運が高まったのです。明治政府の人たちは一人前の国になるためにも、辞書と文法書が必要だと考えていました」

日本の辞書の歴史は古い。現存する最古の辞書には、平安時代の天長七（八三〇）年以降にできたとされる『篆隷万象名義《てんれいばんしょうめいぎ》』がある。空海が編集したこの辞書は、漢字の説明書という側面が強い。

そして平安中期になるとより本格的な辞書が作成されている。その後の辞書に影響を与え続けたのが、『和名類聚抄《わみょうるいじゅしょう》』だった。今野も著書『辞書をよむ』（平凡社新書）でこの辞書について詳しく解説し、その影響の大きさから彼はこれを「日本の辞書のチャンピオン」と位置づけている。九三〇年代に生まれたこの辞書には十巻本と二十巻本がある。見出し項目として選択した中国語・漢語の理解を最大の目的とし、この影響を受けて日本の辞書はその後、中国の言葉、漢字を正しく理解するために編まれていく。今野はこう解説する。

「日本の場合、中国語との関係が大きい。最初に出会った文字が漢字だったので当然です。

そして日本人は何百年かかけて仮名を生み出しました。中国を憧憬し中国文化を模範とする時代が続いたのです。日本の初期の辞書は中国語との対訳辞書か漢字辞書でした。和名類聚抄にしても見出し（項目）は中国語であり、当時の人々の間には自国語の辞書という感覚はなかったと思います」

今野の言うとおり、日本の辞書は中国語を説明する形式からスタートしている。現代の感覚では、自国語を説明する国語辞書よりも、英語を日本語で説明する英和辞典といった感覚だったようだ。文化水準の高い思想を表現する文語として、日本語（やまとことば）よりも漢文が優勢だったことが背景にある。書かれたものを理解するには何よりも、漢字・漢文の素養が欠かせなかった。

日本語の項目を立てた最初の辞書は江戸時代の国学者、谷川士清《たにかわことすが》が編んだ『和訓栞《わくんのしおり》』である。この辞書の特徴の一つに見出し項目を五十音順の仮名で表記したことがある。そして、明治に入ると近代的な日本語辞書の必要性が叫ばれるようになる。

「明治の指導者の多くが欧州や米国を訪れたことが影響しています。新政府をつくっていく人の多くが西洋文明に触れている。英語を理解するためには辞書と文法書が必要です。実際に福沢諭吉はウェブスターの辞書を買って来ました。西洋の辞書を実際に手に取って見ているんです。するとウェブスターのような分厚い辞書が日本にないことはすぐにわかります。だからこうした辞書が日本にも必要だと考えたのでしょう」

今野が言うのは米国人のノア・ウェブスター（一七五八〜一八四三年）が英国の影響を排し、米国の独自性を意識してつくった辞書である。福沢がこの辞書を購入したのは万延元（一八六〇）年に幕府の軍艦「咸臨丸」でアメリカに渡ったときだった。『福翁自伝』にはこうある。

〈その時に、私と通弁の中浜万次郎という人と両人がウェブストルの字引「ウェブスターの辞書のこと」を一冊ずつ買ってきた。これが日本にウェブストルという字引の輸入の第一番、それを買ってもうほかには何も残ることなく、首尾よく出帆してきた〉

明治に入って政府は中央集権化を進める。その過程で共通語を整える必要性が生まれる。江戸時代は藩ごとに方言が使われていた。文語は漢文の影響を受けたため、地域が異なってもほぼ共通していた。北と南の日本人同士であっても文書でやりとりする限り、理解が可能だった。欧州におけるラテン語の役割を日本では漢文が果たしていた。一方、話し言葉としての日本語は地域によってばらつきがあった。全国一律の教育制度が整えられ、通信・放送機器が発達した今とは比較にならないほど、そのばらつき度合いは高かった。近代化を推し進めるには共通語を整理する必要があり、そのため日本語辞書が求められていく。

最初の本格的国語辞書は明治二十四年に出版された『言海』である。大槻文彦がつくったこの辞書の完成を明治政府はことのほか喜んだ。

明治は国の生き残りのため、そして不平等条約改正のために、西洋化を急速に進めた時代だった。西洋を模して鹿鳴館が建てられたのが明治十六年、日本初の近代憲法である大日本帝国憲法が施行されたのが明治二十三年、第一回帝国議会が開かれたのも同じく明治二十三年である。ちょうど日本が近代国家としてのかたちを整えようとしたこの時期に、『言海』は完成している。

『言海』の完成がどれほど「大事件」であったか。明治二十四年六月二十三日に開かれた出版祝賀会に出席した顔ぶれを見ると、それがわかる。

初代総理大臣で当時枢密院議長の伊藤博文、枢密顧問官の勝海舟、外務大臣の榎本武揚ら錚々たる顔ぶれである。辞書の出版を祝う会に集う者としては破格といえるだろう。当初は福沢諭吉も出席する予定だった。大槻文彦の生涯を描いた評伝『言葉の海へ』（高田宏著）では、このように記されている。

〈（演説次第書を見た福沢が）一貴顕（たぶん伊藤博文）の次に自分の名前があったため、『私は貴顕の尾につくのはいやだ、学者の立場から政事家と伍をなすを好まぬ』と、一度は約束した出席をことわったのだ〉

その伊藤博文の祝詞からは、辞書の完成に興奮する様子が伝わってくる。一部を抜き出してみる。

〈余が衷心に大槻君の言海の大成を欽喜《きんき》するとの余り〉
〈想ふに将来本邦の言辞を学び文詞を味《あぢは》ふ者の、その恩沢を被るや、尠少《せんしょう》にあらざるべきなり〉
〈会衆諸君とともに一大光明を我文学に得たるを賀するために、いささかここに蕪辞《ぶじ》を述べて諸君の清聴を煩すことしかり〉

伊藤は「やっと立派な辞書ができた」と安堵し文化的にも欧米列強と肩を並べられたと考えたのだろう。その意味でも、『言海』は文化面で鹿鳴館の役割を果たした。

国がつくった辞書は一冊もない

これほど明治政府が求めたにもかかわらず、『言海』は私費で作成されている。政府は資金を出していない。明治政府は当初、国の資金で辞書をつくることも検討したが、実現しなかった。今野はこう説明する。

「『言海』の前に、『語彙』という辞書の計画がありました。明治政府がつくり始めましたが頓挫しました。理由はわかりません。何人かで『語彙』をつくっていて、結果的にだめだった。だから政府は今度は大槻一人でつくらせようと考えました」

『語彙』は明治四年から十七年まで作成作業が継続し、「あ」から「え」までを刊行したところで作業が中止され未完に終わっている。

大槻は明治五年、文部省に入った。最初、英和対訳辞書をつくるよう命じられ、仏語辞典やグリム兄弟の独語辞典、ウェブスターの英語辞典を取り寄せて欧米から辞書のあり方を習得している。しかし、辞書は完成しなかった。その後、大槻は日本語辞書の作成命令を受けた。今野の話を続ける。

「しかし、(政府の辞書は)頓挫するんです。このときも理由は不明です。なぜ中止されたのか記録にはありません。それで政府は大槻が自分で出版することを許可します」

大槻は結局、自費で『言海』を完成させる。資金がないため分冊とし、予約が入った部数だけを印刷していった。

「日本に国がつくった辞書は一冊もありません。政府は資金を出すわけでもなく、私費で辞書ができるのを喜んでいる。珍しい国だと思います」

英国の中世ラテン語辞書が政府の資金援助を受けた英国学士院が作成した準国家プロジェクトであることを考えると、日本の状況は不思議である。

「(政府は)究極的には、(辞書が)必要ないと思っているのでしょうか。日本では、一つのエリアに一つの民族がいるとの考えが強い。だから、辞書がなくてもわかり合えると思っているのかもしれません。欧州のように、歩いているうちに違う言葉を話している地域に入ってしまうとか、別の集団が移り住んできて、そこでは別の言語を話しているというようなこともない。日本列島で暮らしている限り日本語で通じる。だから辞書がなくても何とかなると思っているような気がします。実際、政府の予算が一度も自国語の辞書づくりに振り分けられないのは、不必要と考えているとしか思えません」

辞書は互いに理解し合うための利便装置のためだけに存在しているわけではない。言語は過去の活動の発露であり、辞書はそうした言語活動、つまり文明を凝縮させたものなのだ。

「辞書には文脈を伴わないで情報が集積されています。普通は文脈の中に単語がありますが、辞書では文脈が捨てられています。辞書には、どこから採取されたのかわからない言葉さえあります。実際、百の物語を読んでも出て来ない単語が、辞書だけに載っているケースもある。情報が濃厚なかたちで出て来る。辞書が集積点になっている。それを読みほぐすことで言語的、文化的可能性が見えてくる瞬間がある。文脈を捨てたことで濃密な集積が可能になったのです。例えば、室町の生活を探ってもわからないことがあるとします。辞書を読んでいて、そのヒントが隠されていることに気付かされることもあるのです」

辞書は文化や文明の集大成なのだ。そう考えれば、英国人が一冊の辞書を完成させるのに百年を費やした理由も理解しやすい。中世のラテン語文献を正確に理解するという目的だけでなく、中世を通して英国人が何を考え、何を生み出してきたのかを知るためにも辞書が必要だった。

辞書をつくる目的は言葉の意味を明確に定義するためだけではない。それは目的のほんの一部である。文化の集積物としても辞書は存在する。六世紀から十五世紀ごろまでの英国人の暮らしぶりや思想、信仰の様子などを時系列に見ていくにも中世ラテン語辞書は有意義だった。英国人にとって自分たちにつながる中世の人々はどう生き、何を考えてきたかを知り、それを次世代に残すためにも辞書が重要なのだ。今野の話を聞いて、中世ラテン語辞書に内包された英国人のエネルギーの根幹に触れた気がした。

今野が辞書研究を通して、興味深いと感じるのは、つくり手の思考や趣味が色濃くにじむことだという。

「明治の辞書も謎含みです。日本語を統一しようとしているのに統一し切れない。途中で微妙に方針を変えたりしている。辞書はとても人間臭い。そこに辞書を読む面白さはあります。最近調査でわかったんですが、『言海』も途中で方針が変わっています」

こう言って今野は、書棚から古い『言海』四分冊を取り出した。

「これを見てください。四分冊の中ごろで一旦、見出し項目を減らしています。校正が残っているので、それを見るとわかるんですが、漢語を削って項目を減らしています。そして、後の方になると漢語を足している。これまで漢語を削ったとされていたんですが、全体を通してみるとそうでもない。後の方では足しているんです」

『言海』は、「あ〜お」「か〜さ」「志〜ち」「つ〜を」の四分冊からなっている。それぞれの分冊ごとに厚さは異なり、三冊目が薄く、最後が厚い。宮城県立図書館に大槻の元原稿が残されており、その原稿と実際の辞書を比べることで、大槻がどの項目を削ったかがわかる。

「人間がつくっているという感じがします。統一したいけどし切れない。そこに過剰なドラマを求めてもしようがないかもしれませんが、統一的に出てくることはないんです。言葉は単純に動いているわけではないのです」

たしかに英国人がつくった中世ラテン語辞書でも、言語を採取してカードを作成するボランティアと編集者の心の通いや、作成の費用や期間を巡る英国学士院と編集長との対立など人間臭いドラマは少なくなかった。機械が画一的に仕上げる製品にはない不統一やばらつき、手づくり感が辞書の面白さであり、それが辞書づくりやそれを読むことの楽しさでもあるようだ。

漢字屋と国語屋

次に、僕は実際に日本で辞書編集に携わっている人たちは、どんなことを考えながら作業と向き合っているのかを知りたいと思った。中世ラテン語辞書で「天才」と呼ばれた副編集長のリチャード・シャープは辞書づくりに関わった経験について、「中世ラテン語を通して当時の筆者と会話できる。まさに至極の時間でした」と語っている。日本の辞書づくりの現場でも、編集者たちは「至極の時間」を味わっているのだろうか。

日本の辞書編集者を考えたとき、まず頭に浮かんだのが岩波書店の平木靖成だった。二〇一八年に出た『広辞苑』第七版の編集者だった平木については以前、ある講演会の席で会い、挨拶を交わしたことがあった。取材を依頼するとすぐに了解してくれた。

平木とは岩波書店近くのカフェでインタビューした。平木自身は否定するが、三浦しをんの人気小説で映画化もされた『舟を編む』の主人公のモデルとも言われている。実際の平木は居酒屋好きの、とても話しやすい男性である。

平木には事前に英国の中世ラテン語辞書プロジェクトについて大まかな話をしておいた。中世ラテン語辞書づくりを平木は、「日本でいうと漢字屋さんの作業だと感じた」と辞書編集者特有の表現をした。「漢字屋さん」という聞き慣れない言葉が気になり、その点について詳しく説明してもらった。

「日本では大きく分けて国語辞典と漢和辞典があります。漢和辞典をつくる人が漢字屋さんです。国語辞典の場合、言葉の入れ替わりが激しく、意味もつねに変化します。だから編集者は新しい意味がどんなふうになっているか、絶えずきょろきょろしている。変化が好きな者は国語辞典が好きです。一方、漢字はそうは増えない。中国の古代から近代まで漢字はあり、用法は増えますが、漢字そのものは一定です。編集に当たっては、むしろ字形とか字体の微妙な差が楽しい。コレクターのような印象でしょうか。ガラスケースにきちっと本を並べ、それを眺めることを楽しむ。それと違って新しい本が次々と入ってきて、この本棚にどうやってそれを収めようかと考えるのが国語屋です」

なるほど面白い例えだった。英国に「ラテン語屋さん」のような言い方があるのかどうかは知らないが、欧州におけるラテン語が日本の漢字・漢文に近いことはたしかだろう。中世ラテン語の世界は、対象となる書籍や文書、そこに使われている言葉の数は膨大とはいえ増えることはない。すでにデータベースは用意され、閉じられた中で完結させる作業である。刻々と変化する言葉を相手にするのではなく、固まった言葉の微妙な違いを調べ上げていく。平木は漢和辞典を編集したこともあるが、自分自身は国語辞典をつくる方が楽しいという。

「微妙な差異にねちねちこだわるのがあまり好きではなくて、どうでもいいと思ってしまうところがある。データベースがすでに用意されているという意味では古語辞典もそうかもしれません。例えば『源氏物語』の底本を比較しながら、どれを見出し(項目)にするかに悩むのですから」

平木は一九九二年に入社し最初の一年間、宣伝部に所属した。その後、辞典編集部に異動して以来、一貫して辞書を編集し続けている。これほど長く一つの部署にいることは岩波書店では珍しい。当然、辞書づくりを希望して岩波書店に入ったのかと想像したが、そうでもなかったらしい。

「希望はしていませんでした。会社の命令で辞典編集部に移っただけです。今でも、(辞書づくりが)好きかどうかはわかりません。ただ、他の部署に行きたいと積極的に思ったことはないです」

平木が辞典編集部に移った当時、この部署には二十代の編集者がいなかった。編集部が若い言語感覚を必要としたことが平木をこの部に異動させたのかもしれない。ここに移ってからは、『岩波新漢語辞典』『岩波国語辞典』『岩波キリスト教辞典』『岩波世界人名大辞典』の編集に加わってきた。『広辞苑』の場合、辞書部を挙げて編集に取り組むため平木は第五版から七版まですべての改訂に携わっている。今ではすっかり辞書編集のエキスパートである。

面白かったのは、「辞書を編集する過程で風景が違って見える経験をする」ということだった。彼が最初にそれを経験したのは『岩波国語辞典』第五版をつくったときだった。「二十代半ばでした。『岩波国語辞典』の全体を読み通しました。編集スタッフ全員が全体を読みます。国語辞典をトータルで読んだとき、日本語ってこんなふうにできているんだ、こんな感じでできていたんだという感覚を持ったんです。基礎的な言葉同士の関わり合いなどもわかります。日本語の世界を神が見るという感覚でしょうか。それは快感と言っていいかもしれません。やっているときはしんどかったんですが、終わってみると幸せでした」

岩波書店で国語辞典をつくる場合、編集者は自分の担当箇所だけでなく、互いに全項目を読んでいく。人の目を替えながら校を重ねるわけである。例えば、最初に「あ」を担当した者は次に「い」、最初に「い」をやった者は次に「う」を読み込むといったかたちで作業を進めていく。同じ項目を人の目を替えながらチェックしていくことで、それぞれ気付くところが違うため、辞書の精度を上げることになる。平木は二十代の後半から三十代前半にかけ、『岩波キリスト教辞典』も編集している。そのときも同じような快感を覚えたという。

「神学、歴史、音楽、洗礼など、キリスト教に関する項目を全部読みます。するとキリスト教の全体像が頭の中に出来上がります。視野が開けた感じがしましたね」

辞書は概説書ではない。個別項目で構成されている。後ろの項目はその前と関係のない異種の項目となっている。そのため最初に読んだときは、一つひとつがばらばらで全体像が見えない。しかし、トータルで読むことで頭の中でキリスト教世界が構築されるようだ。

辞書を建物、項目をれんがと考えるとわかりやすい。一つひとつのれんがをどれだけ詳しく観察しても、建物の全体像を想像することはできない。しかし、れんがをトータルで見て、それぞれの役割や関係性、つながりがわかってくると頭の中に建築物の実像が現れてくる。こうした感覚を味わうことは辞書づくり特有のものかもしれない。

一方、『広辞苑』に限っては全部読んでも、特定の建物が像を結ぶことはなかったと平木はいう。なぜ、『広辞苑』だけは別なのだろうか。

「全体像がないからです。『広辞苑』は鵺《ぬえ》です。何でもかんでもありです。例えばキリスト教の文学があれば、その横に文楽があったり、またその隣にアフリカの作家が紹介されていたりする。国語辞典は現代語だけですが、『広辞苑』は古語も方言も、差別語もからかい言葉も何の注釈もなく載せています。全体像がないのですから、それをつかむことはできません」

「焼く」と「炒める」の違い

四半世紀に及ぶ辞書づくりの経験を通し、平木は辞書の重要性をどう考えているのだろう。

「意味を明確にしていくことは大切です。ただ、言葉の意味を明確にして何になるの、と感じる人がいるのもたしかです」

平木はこう語り、『広辞苑』第七版で力を入れた類義語の書き分けを例に挙げた。

第七版では、「焼く」を「火を当てたり熱した器具の上に乗せたりして、食材を加熱・調理する」、「炒める」を「熱した調理器具の上に少量の油をひいて、食材同士をぶつけるように動かしながら加熱・調理する」と書き、第六版よりも詳しく説明している。「食材同士をぶつけるように」という表現は第七版で初めて登場させている。

「『焼く』や『炒める』をうまく説明したところで、それで何なのという人はいますが、一方でそれを面白いと思う人が一定数いるのが社会です。それをみくびっちゃいけないと思うんです。社会には、それを楽しめる底力があるんじゃないかと思います」

言葉の意味を明確にしていくことがどれほど重要か。少なくとも実社会ではまず役に立たない。「焼く」と「炒める」の違いを知らなくても、人は自然に食料を焼いたり、炒めたりしてきた。語彙の微妙な違いを知らなかったため、食いっぱぐれたという話は聞かない。生活していくうえで言葉の意味を簡潔に説明する必要性はほとんどないと言ってよい。しかし、人間なればこそ言葉についての小さな差異や、その言葉の持つ歴史を楽しむことができると平木は考えている。

「例えば、語源を知ることについて、人は誰でも面白がります。これは学歴とは関係ない。『まぶた』の『ま』と『まえ』の『ま』、『まのあたりにする』の『ま』は同じと言ったら誰もが興味を持つんです」

「まぶた」の「ま」は「目」の古い表現である。「目」にふたをすることから「まぶた」。る。「まえ」は、「目」の「方・辺（へ）」、そして、「まのあたり」は「目の辺り」から来ている。

人の生きる世界は言葉で構成されている。人は言葉で思考している。思考の道具である言語を面白がるのは人間の持って生まれた特性である。とはいえ辞書づくりは地道な作業の繰り返しであり、派手さのない日常の連続である。しかも手間の割には経済的な収益もさほど期待できない。それでも辞書をつくり続ける理由についてたずねると、平木は一見無駄なもの、価値が薄いと思われるようなことに力を注ぐことこそ文明の力なのではないかと言い、小惑星探査機「はやぶさ」を例に挙げた。

『『はやぶさ』については、そんなのは無駄だと考える人もいるかもしれません。一方で宇宙を解明するには必要と思う人もいます。『はやぶさ』に多くの日本人が感動したことをどう考えるか。（米国の無人惑星探査機）ボイジャーでも（米国の有人宇宙飛行計画）アポロでもそうです。それがなくても人間は生きていける。でも、そういうものに一生懸命になり、魅力を感じることもできる。それこそ文明なんじゃないですかね」

たしかに、「はやぶさ」がなくても、人は生きていける。山本夏彦ではないが、「何用あって月世界へ」と思う人もいるだろう。百億円を超える開発費をかけ小惑星から微粒子を持ち帰ったと言われ、「それでどうした」と思う人の感覚も理解できる。しかし、効率の悪いこと、一見無駄に思えること、生死に直結しないこと、そうしたことを無価値として切り捨てないこともまた、人間の面白さである。「はやぶさ」同様、中世ラテン語辞書の世界もそうした人間のロマンの果てにあるのかもしれない。

平木自身は辞書編集について、「好きかどうかはわかりません」とあいまいな言い方をしているが、他の部署への異動を希望していないことから見ても、辞書作成に魅力を感じているのは明らかだ。彼と話しながら、リチャード・シャープの口にした「至極の時間」を平木も味わってきたのだろうと僕には思えた。

出版社冥利につきる

平木靖成は中世ラテン語辞書を「漢字屋さんの仕事」と表現した。それを聞いて、僕は漢和辞典に関わった人に経験や辞書づくりへの思いについて聞きたいと思った。

日本には諸橋轍次《もろはしてつじ》（一八八三〜一九八二年）の著した『大漢和辞典』がある。一九二七（昭和二）年から六〇年まで三十三年間かけて作成された大著である。実際にこの『大漢和辞典』づくりに携わった人はほぼ鬼籍に入っている。ただ、出版元である大修館書店の関係者には、諸橋大漢和の制作や販売について知る人は少なくない。

知人のつてをたどって紹介してもらったのが同社で一九九二年十二月から九七年十一月まで五年間、国語・漢字系辞書を担当する編集第一部長としてこの辞書の修訂第二版刊行・販売に関わった森田六朗だった。漢和辞典は本来、新しい言葉を加えることは少ない。ただ、大漢和の場合、諸橋が弟子二人につねに改訂するよう遺言しており、それに従い改訂版を出すことになった。森田はその改訂版で、この辞書との関わりを持っている。

連絡を取ってインタビューを申し込むと、森田は「もうリタイヤした身です。いくらでも時間はあります」と明るく語り、僕の都合のよいところまで出てきてくれることになった。恐縮しながら喫茶店で会った森田は戦中生まれとは思えないほどのエネルギーを感じさせる男性だった。

まず、森田は欧州における古典（ギリシャ・ラテン語）と日本における漢文の位置づけの類似性について、面白い表現をした。

「英語で『It's all Greek to me.（それはまったくわたしにとってギリシャ語だ）』という表現があります。これは『珍糞漢糞《ちんぷんかんぷん》』、つまりまったく理解できないという意味です。欧州人にとってギリシャ語は理解が難しかった。『珍糞漢糞』は儒学者が難しい漢語を音読みばかりするので理解できないという意味に使われたという説があります。日本語で言うと、

『それは漢文だ』ということです。欧州人にとってのギリシャ語、日本人にとっての漢文、共に古典は難しくて理解しづらいものなんでしょう」

英国人が中世ラテン語辞書をつくるのに百年をかけたことについて森田は、国家と個人の観点から語り始めた。

「文化に対する国家の考え方という点においてスケールの違いを感じます。日本の辞書づくりは私企業が事業としてやります。だから利益を出す必要がある。中世ラテン語の辞書は英国学士院によるプロジェクトですね。そうした体制がそもそも違います。日本では民間でやるのが伝統で、個人が意気に感じてやる。国語辞典の『言海』は、大槻文彦個人の著作、大漢和も『編』でなく『著』、諸橋轍次著です。一人の学者が最初から最後までやり遂げたんです」

たしかに英国の中世ラテン語辞書作成事業は英国学士院が威信をかけたプロジェクトだった。一方、日本の場合、『大漢和辞典』にしても『言海』にしても、諸橋轍次や大槻文彦がそれぞれ生涯をかけてつくり上げ、それを私企業である出版業者が支援している。文化に対する国家の役割や組織論を考えるうえでも興味深い相違点だと僕は思った。詳しくは知らないが、大学や学術機関での研究活動でも日本は個人が「意気に感じて」やった成果に負っている面があるのかもしれない。

一九四四年、島根県に生まれた森田は、早稲田大学文学部を卒業後、大修館書店に入った。二〇〇三年に同社を早期退職した後、中国の大学で十年間、日本語や日本文化を教えるかたわら剣道を指導してきた。現在は帰国して、趣味の剣道に打ち込みながら一四年には『北京で二刀流』という本も書いている。

英国の辞書づくりを森田は、「スケールの大きな国家事業」と評価する。ただ、『大漢和辞典』も一人の学者と私企業による取り組みとしては実にスケールの大きな事業である。全十五巻で各巻千ページ以上。親字（見出し文字）は五万字、熟語は約五十三万語、漢字発祥の地、中国の『康熙字典』の親字約四万七千を超えている。

ただ、森田は大漢和のような事業を成し遂げることは、今では難しいと感じている。そこには確実に利益になる事業でないと手を出せない経営環境がある。

「大漢和のようなことは今の経営ではあり得ません。企業人はコストと利益を考えざるを得ない。それができないと企業は成り立ちません」

では、なぜ『大漢和辞典』を完成させることができたのだろう。森田によると、大修館書店創業者の鈴木一平と諸橋のコストを無視した共同作業だった。森田の声が大きくなる。

「初代社長は『なんぼ（費用が）かかっても構わない。とにかく世界一の漢字辞典をつくれ。それが出版社冥利につきる』と言った。それで諸橋先生も本気になったんです」

『大漢和辞典』の編集作業にはドラマが多い。『「大漢和辞典」を読む』（紀田順一郎編）からは当時の奮闘ぶりが伝わってくる。

空襲で組み版が焼失

大修館書店の初代社長、鈴木一平は明治二十（一八八七）年、千葉県木更津町（現在の木更津市）に生まれた。家が貧しく小学校を卒業すると上京し、質屋や呉服屋で働いた。出版社で働けば勉強になると考え、神田神保町の修学堂書店に入り、同書店が閉業するのに合わせて大正七（一九一八）年、大修館書店を開業、当初は学習参考書に力を入れていた。

鈴木は「実用的で正確、他人に真似ができず、しかも後世に残るものを」と考え、漢和辞典の出版を思い立ち、知人のつてをたどって諸橋と会い、著者になってくれるよう依頼している。諸橋は当時、ほとんど無名の学者だった。

編集作業に入ってすぐ、辞書が予想していた以上に大きなボリュームになることがわかったため、諸橋は鈴木にそれでも出版をするかと念を押している。鈴木は最初、「考えさせてくれ」と言ったが、半年後にこう語ったとされている。

「小さいながらも出版の目的に立つようなものをひとつやってみたいと考えておりますから、もし先生がそれをやってくださるなら、わたしどももできるだけのことをやりますから」

　こうやって編集が続けられることになり、作業は当初、豊多摩郡高田町（現在の東京都豊島区雑司ケ谷）の諸橋宅で進められた。中国の文献から学生が集めた語彙・熟語カードは四十万枚にも膨れあがった。そのため、昭和八（一九三三）年からは、杉並区天沼に家を借り、その作業所は「遠人村舎」と名付けられた。人に邪魔されないよう、人を遠ざけるという意味が込められている。風が作業所内に吹き込むと、せっかく整理したカードが飛んでしまう。来訪者が突然、戸を開くことは最も避けねばならない。建物名の「遠人」にはそうした意味が込められている。風が吹き込まないよう、戸を閉め切って作業をする。夏の暑さは想像に余りある。諸橋やその弟子たちは夏になるとふんどし一枚になって、ぽとぽと落ちる汗をぬぐいながら作業を続けた。異様な作業風景だった。

　そうして『大漢和辞典』は昭和十八（一九四三）年、第一巻が刊行された。鈴木と諸橋が契約を結んでから十五年、第二次世界大戦の最中である。原稿はすべて仕上がり、校正刷りはできていた。ただ、戦争で紙の割り当てが得られなかったため、まずは最初の巻だけの出版となった。

そんなとき諸橋、鈴木は最大の困難に直面する。第二巻の刊行を目指し鈴木が紙の入手に奔走していた昭和二十（一九四五）年二月二十五日、すでに組んであった活字（一万五千ページ分）が米軍の空襲に遭って溶けてしまったため、二巻目以降が出版できなくなった。諸橋、鈴木ともお手上げだった。森田はこう言う。

「カードも何もかも焼けてしまっている。活字の組み直しもできない。鈴木は一時、出版をあきらめたようです」

ただ、そこに一縷の望みが残っていた。写真植字という新しい印刷方法が生まれていたのだ。校正刷りが三部、疎開先に残っていたことも不幸中の幸いだった。この校正刷りを利用して写真植字すれば何とか出版できるかもしれない。

それまでの活版印刷は活字を手作業で組んでいたが、写真植字は文字板の文字をフィルムや印画紙などに感光させ、写真製版用の版下をつくるやり方だった。写真植字機研究所（現在の写研）の協力を得て、改めて刊行を目指すことになった。そして、昭和三十（一九五五）年、写真植字での第一巻が出来上がり、以降五年かけて全十三巻が刊行された。森田によると、結果的に第一巻だけは活版と写植の二通りの方法で出版されている。活版刷りによる第一巻は現在、骨董的な価値が出ているはずだ。

結果的に写真植字で印刷されたこの辞書は、印刷にあたって文字の大きさを変えることが比較的容易だった。そのためしばらくすると普及版（A5判縮写版）を出す計画が持ち上がる。

「一九六七年ごろ、ちょうどわたしが大学を卒業するときでした。大きな新聞広告が出たんです。当時、中国語を勉強していたこともあり、何とかこの普及版を手に入れたいと思っていた。しかし、高くて買えない。それじゃ、その会社に入ってしまおうと思ったんです」

森田は社会人としての出発時から大漢和と因縁があったことになる。

『大漢和辞典』は親版、縮写版、修訂版、修訂第二版増補版と改訂を繰り返すと共に、「語彙索引」を追加発行するなどつねに動いてきた。森田は大修館書店に入社して販売部に配属され退職するまでこの辞典の刊行と販売に関わり続けた。

実際に普及版が出版されたのは昭和四十一（一九六六）〜四十三年である。この普及版はよく売れた。日本は高度成長期に入り、大型書籍の割賦販売が盛んになっていた。平凡社の『世界大百科事典』や小学館の『大日本百科事典ジャポニカ』、そして『大漢和辞典』もそうした波に乗ることになった。ただ、縮写版が売れたとはいえ大漢和の場合、作成にかかった全コストを考えると利益は出ていないのではないかと森田は考えている。

「元は取れていないと思います。大修館書店は幸いなことに英文法の学習参考書など売れる商品があり、それが経営を助けました。参考書で上げた利益を辞書につぎ込むことができた。大漢和にかかったコストを正確に計算することは不可能でしょうね」

森田の話を聞いて、英国学士院で学術出版を担当したジェームズ・リビングトンの、「今回のプロジェクトについてお金の計算はある意味、無駄だと思います」という言葉や、その学士院の中世ラテン語辞書プロジェクト特別委員会で委員長を務めたトビアス・ラインハートの、「経済的観点でこのプロジェクトを語ることに意味はないと思います」という言葉を思い出した。

経営の観点で見ればもうけどころか経費さえ回収できない作業に諸橋や鈴木は、どうしてそこまで夢中になったのだろう。そこに、あの時代特有の民族の自負や世界と肩を並べていくことに対する国民としての気負い、アジアのリーダーとして誇りを持ちたいとの思想を指摘することができるのかもしれない。それを物語るエピソードや談話がある。

第二次世界大戦直後の幣原喜重郎内閣で文相、その後学習院院長を務めた哲学者の安倍能成(一八八三~一九六六年)は『大漢和辞典』の完成を喜び、知人の小泉信三(一八八八~一九六六年)に、「これ(完成)を聞いて日本人が頼もしくなった」と語っている。

小泉は今上天皇の皇太子時代に教育責任者を務め、慶應義塾大学塾長にもなった人物である。この辞典の完成に対してはその小泉自身、賛辞を送っている。大修館書店のホームページには当時、文化人から寄せられた言葉が紹介されている。その一部には次のようなものがある。

〈始め他国の文字として漢字を採用した日本人が、いかに漢文字を学ぶに勉め、いかにそれを知ること深く、精しきに至ったかは、自他共に認めざるを得ぬところであると思う。諸橋博士の大漢和辞典は、かかる日本人の能力を証示する大記念碑の一である〉（経済学者、小泉信三）

〈中国に不朽の盛事とか経国の大業とかの古い言葉があるが、諸橋博士の大漢和辞典ほどこの言葉によく当てはまるものはない。わたくしは敢えて日本に文献あって以来の最大の鴻業と謂うてはばからない〉（漢学者、神田喜一郎）

〈諸橋大漢和辞典は、私の座右の書である。……この辞典は、日本人が昭和という時代に持ち得た最も確かで輝かしい宝として、久しい未来にまで受けつがれねばなるまい〉（詩人、大岡信）

デジタルは情報、アナログはモノ

辞書は民族・国民意識と深く結びついている。たしかに言葉の辞書には国家として、民族としての誇りを感じさせる何かがありそうだ。そこには競争原理や市場原理だけでは理解できない視座がある。森田の考えはこうだ。

「そもそも文化を競争原理で考えることはできない。最近では大学にまで競争原理が持ち込まれ、文科省もそれを助長しているでしょう。効率一辺倒の競争原理とは無縁の世界があるはずなんです。漢字はその典型でしょう。就職に有利だから中国語を学ぶことはあっても、就職に有利だから漢字を勉強しよう、辞書をつくろうとはならないんですから」

とは言えデジタル情報全盛の時代である。効率を無視することは現実的ではない。デジタル時代の文化についてどう考えればいいのだろう。森田はデジタルには鈴木と諸橋たちが共につくり上げたような物語がないと言う。

「デジタルは情報、アナログはモノです。デジタルのデータは抽象的で、突き詰めれば電気のプラスとマイナスの世界です。生身の人間がそれに触れることはできません。アナログは違います。紙の辞書には手垢も付き、そこに愛着が生まれます。人間の感情が入り込むのです。たしかに検索性では弱いかもしれませんが、閲覧性では紙の方が強い。ぱらぱらとめくって、たまたま目の行ったところを読む。そうした体験を軽視すべきではありません。店を構えるリアルな書店とネット書店の関係もそうです。書店を歩くと、思いもよらない本と出会うことがある。それが非常に大事なんです」

話はいつの間にか、デジタルとアナログの違いに及んだが、森田が感じていたのは、額に汗したモノづくりに対するロマンだった。さほどもうけになりそうもないことに手間をかけることを、「時代遅れ」と片付けるわけにはいかない。人間は本質的に、リアルなものにあこがれを抱く存在だと森田は考えている。効率を重視すればするほど、人間はそれのに飽きたらず、はみ出す行為、効率を度外視した行為を求めることがあるのかもしれない。

インタビューを終えたとき、森田は、「わたしは十五年も前に現役を退いた者です。現役の編集者からも話を聞いてはどうですか。現在の第一部長は松江北高校の後輩ですから」と正木千恵を紹介してくれた。

大修館書店は東京・神田明神のすぐ近くにある。森田に会ってからしばらくしてそこを訪ねると、編集第一部長の正木が大きな辞書を三冊ほど抱えて待っていてくれた。用意された会議室に入ると『ジーニアス英和辞典』第五版の編集責任者（編集第二部課長）、五十嵐靖彦も同席してくれることになった。僕の取材テーマが中世ラテン語の辞書であることから、外国語辞書の編集者から話を聞くことも有意義と考えてくれたようだ。正木、五十嵐の二人に対し、同時にインタビューすることになったが、ここでは混乱を避けるため、二人から聞き取った内容を分けて紹介する。

「造語成分」の表記をどうするか

正木は入社（一九九四年）早々、新しく出版を予定していた『明鏡国語辞典』の編集グループに配属されている。入社当時、特段辞書に興味があったわけではなかった。研究者と一緒に仕事ができればと考え学術書を手がける大修館書店を選んでいる。辞書を編集する部署に配属されたのは偶然だった。

『明鏡国語辞典』の第一回編集会議が開かれたのは一九八九年である。正木が参加したのは編集会議がスタートして五年が経過したときだった。すでに編集会議は約五十回開かれ、その後、出版までにはさらに約五十回の会議が開かれることになる。

「実際の編集作業に入る前に、辞書の設計について何度も議論する必要がありました。後発の国語辞典ですから、辞書にどんな特色を持たせるかが重要です。その点について検討を重ねていました」

明鏡は「持ち運べるサイズで最高の辞書を」とのコンセプトの下、国語学者の北原保雄の提案で編まれた辞書である。正木が入社当時を振り返る。

「辞書の基礎づくり、設計図を描くことに時間がかかりました。辞書をつくるにはまず基本方針を立てる必要がありました。例えば、名詞の語釈の終わり方をどうするか。形容詞の終わり方をどうするか。副詞でも陳述副詞の場合はどうで、状態副詞の場合、その終わり方をどうするか。最初に設計しておく必要があります。言葉の意味を解釈していく前に、細部を決めておく必要があるんです。研究者に方針を示してもらい編集者がそれに応えていきます。参加してもらっている先生にもそれぞれの立場があります。また、一般の人にとって使いやすくする必要がある。一年も議論をして決めたことがあっさりと覆るようなこともありました」

この辞書の基本方針は、「日常生活で頻繁に用いられる重要語には特に用例を多く載せる」「漢字の使い分けや送り仮名について簡明かつ懇切に解説する」などである。具体的には、見出しをどう表記するか、意味や用法の使い分けと説明する順番はどうするか、用例の中で見出し語はどう表記するか、など実に細かなルールが決められている。

例えば、見出し項目におけるハイフン（‐）の入れ方にしても、「和語の区切りには語源を勘案してハイフンを入れる」として、「魚」の見出しは、「さか‐な」とすることなどを規定している。こうしたことを最初に決めておかないと、担当する編者や編集者によって、表記が乱れてしまう。

辞書の基本設計づくりは気を遣う作業だが、大修館書店の場合、他にも各種の辞書を編んできた経験、知見が役立った。特に、人気のある『ジーニアス英和辞典』をつくり続けている経験は大きかった。

「それぞれの言葉の語法や使われ方、解説に力を入れるということなどはジーニアスに倣った面がありました」

辞書をつくっている側は、それを使う側がほとんど気付かない細部で悩んでいる。『明鏡国語辞典』の場合、「造語成分」の表記について随分、議論があったらしい。

「造語成分は一語では成立しない言葉です。例えば、『夕焼け』の『夕』や『高原』の『高』がそうです。辞書で『高』だけを引く人はほとんどいません。でも、これはみんなですごく悩んだところです。今でも覚えていますが、方針の決まらないこともあるんです。そこは苦心しました。読者には伝わりませんが、こんなところで苦労をしています」

造語成分について、明鏡は「文字どおりの意味は『語を造る成分（要素）』である」と説明し、例として「高等学校」などの「高等」を説明し、「『高』や『等』は、単独で用いられることはなく、常に他の語と結びついて、語を構成するものである」としている。実際、明鏡で「高」を引くとこう書いてある。

「こう」として「空間的にたかい。また、たかさ」と意味を表記した後に、「ー架」「ー原」「ー層」など造語成分としての使い方を表記し、さらに「程度がたかい。すぐれている」の意味の後にも、「ー音」「ー級」などを示している。

明鏡では例えば、「本」について、名詞としての「本」以外に、「本店」「本部」「根本」など造語成分として用いられるケースがあるとし、そうした場合、名詞の「本」の意味を記述して、その後に、造語成分用法にしかない意味を記述することを決めている。一般の読者はまず気付かないが、日本語の専門家や国語辞典の編集に携わったことのある者からは、「明鏡の造語成分の説明はいいね」と評価されることがあるという。辞書の編者、編集者にとっては、密かに「してやったり」の気分になるだろう。

正木は大学を卒業してすぐに新規の辞書編集に携わったことについて、「一流の先生方の講義を毎日聴いているようで、めちゃくちゃ贅沢だった」と感じている。出版社の社員で辞書編集部門に配属されても、新しい辞書を編集できるチャンスは意外と少ない。国語、漢和、古語、英和のようにすでに多種が普及している辞書の場合、新たにつくる場合でも、そのほとんどは改訂作業である。社会人になってすぐにまったく新規の国語辞典を担当したことは随分、幸運なことだった。

「大修館書店の場合、英和は生きているんですが国語の場合、生で動いている辞書はあまりありません。しかも明鏡は完全に新規の国語辞典です。オリジナルの辞書をつくるところから携われたのですから、先輩からは、『君は恵まれている』と言われました」

先に紹介した森田は『大漢和辞典』のように膨大な時間をかけて一冊の辞書をつくることは現在のビジネスの常識からすれば、あり得ないと語った。編集の現場にいる正木は、その点についてどう考えているのだろう。

「大漢和をつくった経験があるからかもしれませんが、辞書はじっくりとつくるべきというポリシーを感じています。おそらく他社なら認めてもらえないようなことでも、会社が編集部署の事情を理解してくれている。辞書を編集していく過程では、なかなか解決できない問題が多く、どうしても時間がかかります。そんなとき、早く出すよりも、ちゃんとしたものを出した方が最終的には良い結果になると会社も考えています」

たしかにインターネット全盛の今、早く仕上げることでは、無料で公開されている辞書サイトに勝てるはずがない。むしろ、時間をかけてでも、根拠や出典のはっきりしたデータや長年その分野で研鑽を積んできた研究者の見方を集積する方が価値ある辞書になる。無料のデジタル情報が巷にあふれていることで、高い価値のある情報がどこにあるのか、わかりにくくなっている面はある。「木を隠すなら森の中」のことわざではないが、貴重な情報も雑多な情報に隠れてしまって見つけられないこともある。そうした状況の中、専門家が時間をかけてつくり上げたもの、本物の情報の価値が見直される可能性は決して低くない。正木自身はデジタル化やネット上の情報との向き合い方についてこう語った。

「敵対関係ではなく、互いにうまく補完し合えればよいと思います。デジタルを通して国語や漢文に興味を持った人がさらにしっかりした知識を得るため、専門家が吟味した情報に接触するようになれば理想だと思います」

情報が氾濫し電子的な「森」をつくっている時代なればこそ、専門家が時間をかけて丁寧につくり上げた「木」の価値が認められるのかもしれない。

英語の例文を考えるのは日本人

正木千恵が「参考にした」として名を挙げた『ジーニアス英和辞典』の編集責任者、五十嵐靖彦は、時間をかけて辞書をつくることについて、どう考えているだろう。

「実際に辞書をつくっている立場からすれば、ゆっくりとつくっているという感じはありません。たしかに、『明鏡国語辞典』のように最初から新しい辞書をつくる場合は時間をかけるのでしょうが、ジーニアスのような学習辞典は結構、短い時間でつくっています。六年に一度程度、改訂しています。しかも、学習辞典四点の改訂作業を同時進行しているので、かなり慌ただしいのが実情です」

たしかに改訂の場合、基礎とする辞書はすでに存在している。新しい辞書をつくるときのように、真新しいところから設計図を引いていく必要はない。しかし、改訂にしたところで前の版を参考に、新しい用語を付け加え、古くなった言葉を削っていくだけの作業ではない。用例づくりにはかなりの時間、労力をかけている。

「用例はすべてオリジナルのものをつくります。その点検に時間がかかります。日本人の先生につくってもらい、ネイティブ（英語を母語とする人）にチェックしてもらいます。ネイティブにつくってもらうと、レベルに関係なくつくったり、語義に合わない例文をつくったりされるので、日本人の専門家につくってもらいます。ジーニアスの場合、四版（二〇〇六年発行）で例文をすべて見直しました。これは大変な作業でした。時間の経過と共に言葉の使われ方に変化があります。ネイティブにしても新しい英語をすべて知っているわけではない。個人差や地域差もあります。英国と米国の違いもあります。海外の文献、辞書を見ながら日本の先生につくってもらうのです」

英語はもちろん日本語同様、生きた言葉である。新しい言葉が次々と誕生する一方、使われなくなった言葉や用法も出てくる。

「マニアックな話です。かつて年齢の上下を示す場合に使うとされてきた言葉にジュニア

(junior)、シニア（senior）があります。『ジュニア・トゥー（junior to)』の書き換えが学校の試験でも出たことがあります。今、ジュニア、シニアを年下、年上という意味で使うことはありません。会社の役職の上下や先輩・後輩という意味では使いますが、年齢では使わない。名詞としては年上、年下の意味がありますが、形容詞としてはＯＥＤやロングマンにも載っていません。でも、なぜか脈々と文法書には載っていました。今でも載せている本はあると思います。かつてはジーニアスでも載せていました。それを改訂し、正しい使われ方を示しています」

現在、『ジーニアス英和辞典』ではジュニアについて、わざわざこう解説している。

〈Juniorを形容詞に用いたShe is junior to him by five years./ She is five years junior to him.は、単に年下であることを表さないのがふつう。（ある場所での）勤続年数が5年短いことや、5年後輩で地位が下であることを意味する〉

五十嵐は言葉に関わる仕事がしたいと考えこの会社に入社した。高校時代から英文法に興味があり、英語学者の小西友七（一九一七〜二〇〇六年）が大修館書店の辞書を編纂していたこともあり、この会社を選んだ。最初は教科書部門に配属され、しばらくして英語の辞書をつくることになった。四版の出る年だった。辞書づくりに携われたことに幸せを感じるという。

「楽しいと思います。一流の先生方からいろいろと教えてもらえます。自分で納得いかない場合、素朴な疑問をぶつける。すると普通なら、なかなか質問することがかなわないような偉い先生から返事をもらえる。読者のふりをして失礼な質問もできるということです。また、中高生、大学生に正確でわかりやすい情報を伝えられることにも喜びは感じています。英語の場合、間違って伝わっていることもある。辞書をつくることで、そうではなく、こうだよと明示できる。その役割を担えるのも幸せです」

中世ラテン語は現在の英国人にとっても母国語、民族語ではない。五十嵐の言う、「ジュニア」や「シニア」の例からもわかるとおり、言葉の使われ方が間違って伝わる可能性はある。それを今回、完全な中世ラテン語辞書をつくり、すべての用例をチェックしたことで統一基準ができたと言えるだろう。

辞書の役割の一つは基準を示すことにある。言葉の意味、使い方について、「正しくはこうですよ」と回答を示すことは辞書の役割である。解読で迷ったときにも、「辞書にこうある」ということは証拠能力になる。正解を探り、基準をつくるのは楽しく、幸せな作業なのだ。

言葉の意味は変わっていく

出版社内で辞書編集を担当する人たちの声を聞いてきた僕は次に、辞書の編者である言語学者はどんな思いを抱きながら辞書をつくっているのかを知りたいと思った。正木に相談すると日本語辞書編者の第一人者である筑波大学元学長、北原保雄を紹介してもらえることになった。

インタビューのために、改めて大修館書店を訪ねた。北原は大御所中の大御所でありながら偉ぶったところのまったくない、親しみやすい学者だった。辞書に関わるようになったのは小学館が一九八三年に出した『古語大辞典』からである。

「恩師の中田祝夫先生（一九一五～二〇一〇年）の影響で辞書をつくることになりました。最大で最高の古語辞典をつくろうという話があり、先生が話を持ってきたんです。小学館はその後、『日本国語大辞典』をつくることになり、わたしはそれにも魅力を感じたんですが、古語と国語の二つを同時にはできないため国語を断り、『古語大辞典』をやりました」

北原は一九三六年、新潟県に生まれた。幼いころは科学者になるつもりだった。

「子供のころは理系人間で日本語に興味はなかった。導電性高分子の発見でノーベル化学賞を取った白川英樹さんと同じ年に生まれ、高校まで彼と同じことを考えていました。ビニールとかナイロンとか、そんな研究です。高分子化学に興味があったんです。でも一浪したとき考えが変わりました。理系では世界一にはなれないかもしれないが、日本語では世界一になれるだろうと思い、日本文学に変えました。子供のころの妄想です」

『古語大辞典』の編集作業は北原の二十代半ばでスタートし、四十代後半でようやく完成している。二十年を超える時間を費やして仕上げた辞書だった。辞書づくりで最も気を遣ったのは立項（項目を立てる）作業だった。過去に出た古語辞典の言葉（項目）を紙に貼りつけ、とにかく多くの言葉を集めていく。

「古語の場合、捨てることはなく、新しいのを加えます。わたし自身も随分、新しい項目をつくりました。古語発掘です。項目ごとに用例を引き出していく。過去の辞書に載っている項目を全部さらえたうえで新しい言葉を発見する。これが一番大変です」

北原の古語辞典づくりの特徴の一つは語誌（言葉の歴史）を重視している点である。

「言葉は時間を下ることで意味が変わる場合がある。語誌はそれを記します。言葉の意味に歴史を肉付けするのです。一番幸せを感じるのも語誌欄をうまく書けたときです。今までの文献を読んで、『違うな。こうじゃないか』と考える。それが頭に残っていて一週間後にまた、『違うんじゃないか』と考え直す。そうやって答えを探るのです」

実際、言語の意味が変化していくことは珍しくない。

北原は、「時代によって揺れます。平安時代に使っていた言葉が室町になって変わることもある。解釈も変わります」と語り、山上憶良の歌にある「やさし」を挙げた。

〈世の中を憂しとやさしと思へども飛び立ちかねつ鳥にしあらねば〉

「それでも鳥じゃないから飛び立てないという有名な歌です。教科書にも載っている。この『やさし』は『やせるほどつらい』という意味です。現代の『優しい』とは意味が全然違います。奈良時代は『やせる』だったのが、平安になって意味が変わりました」

『古語大辞典』では「やさし」について、最初に「身が細るように恥ずかしくつらい」との意味を載せている。「語誌」ではこのように解説している。

〈動詞「や（痩）す」からの派生。肩身狭く、痩せるような思いをする感情を示すのが原義。さらに、つつましい自己感情から、つつましやかな心遣いや姿態を優美と評価する客体的な対象感情に展開すると見なされる。その転換の時期は、ほぼ源氏物語の辺りで、

……。現代語の、容易であるの意は江戸末期に生じた〉

この語誌を読めば、「やさし」が主に「情け深い、思いやりがある」や「穏和だ」の意味に使われるのは近世になってからということもわかる。さらに、「参考文献」も表示されており、それを調べることで原典に当たれるようになっている。

日本には豊かな古典文学があり、量だけでなく、質においても多種多彩な作品がある。「こうした文学が残っている日本にいながら、それを味わう喜びを知らずに終わることは残念である」と北原は考えている。新しいものが尊ばれるような昨今の風潮について、「古きに学ばなければ、正しい進路を過つ」と危機感さえ持っている。

北原の辞書との関わりは、その後、古典から国語辞典にも広がった。先に北原が触れた『日本国語大辞典』（第一版全二十巻、四十五万項目）は一九七二年から七六年にかけて刊行された日本最大の国語辞典であり、北原は二版で編者の一人となった。また、二〇〇二年に刊行された『明鏡国語辞典』では発案者・編者として最初から最後までこの辞書に携わった。

「明鏡はオンリーワンを目指しました。『日本国語大辞典』の二版もやりましたが、人生の最後にもう一つ、持ち運びできる辞書として最高の国語辞典をつくりたかったんです」

と語る北原からは学者としてのプライドが伝わってくる。明鏡の場合、北原は大修館書店以外の出版社にも同じ企画を持ちかけている。

「企画会議に出して結局、ダメというのが二社くらいありました。大修館がOKしたのは奇跡です。辞書は大変なんです。勇気があって、余裕のある出版社じゃないと出せません。編者のわたしは大学から月給をもらっていたからカネに困らない。だからもうからなくてもできます。ただ、辞書は会社が出します。だから出版社は大変なんです。明鏡の企画を提案したところ、大修館の当時の担当者が『面白い』と言ってくれた。それでつくることができました」

「明鏡」というタイトルは北原が考えた。「北斗」や「文殊」という案もあった。

「『北斗』は羅針盤になるという意味です。『文殊』は『文殊の知恵』からです。でも、最後は『鏡』の付くのがいいだろうと。『明鏡』は澄みきった鏡のことです。世の中の手本となる、典拠となる証本という意味です。日本語をゆがみなく映す鏡であってほしいとの思いを込めました。辞書には中身を説明する名前もありますが、あまり好きではない。ニックネームになるようなものにしたかったんです」

人類が辞書づくりにエネルギーを注ぎ込むのはなぜだろうか。実際に二十を超える辞書の作成に携わってきた北原なら、そのエネルギーを説明できるのではないか。この学者の答えはシンプルだった。

「理由はわかりません。ただ、わたしの場合、好きだからやっているんです」

正しいから、世のためになるから、といった堅苦しい理由で働くことは短期的には可能かもしれない。しかし、長期にわたって、それを理由に活動し続けることは難しい。どこかで無理をしている。時間と共にその無理が溜まり、継続の阻害要因となる。正しいことより楽しいこと、好きなことに取り組むことで継続のエネルギーは生まれる。

中世ラテン語辞書でせっせとラテン語を採取したボランティアのワードハンターや、スリップを整理して編集したスタッフたちも、それが正しいからやったのではないだろう。楽しいから、好きだからやった。それが正しいこと、世の役に立つことだと思ったため、余計やる気を増大させた。それが百年の継続を可能にした理由だったはずだ。

純粋培養は不可能だからこそ

北原にとって、言葉の世界は縦と横の関係でできている。縦が文法、横が語彙である。縦横双方を研究することで日本語が面として広がりを持ち、全体像をつかむことができる。だから、北原は辞書で語彙を探りながら同時に文法の研究も進めている。形容詞や助動詞に関する論文や文法書を書き、研究成果も上げている。例えば「古語ではク活用形容詞の語幹末音節にイ列音（「イキシチニヒミイリヰ」）がないことを発見したのは北原である。また、「現代語では、ク活用形容詞の語幹末音節にはエ列音（エケセテネヘメレヱ）がない」ことの発見も北原の研究成果である。

「言葉の意味がわかんないと頭に来る。だからそれを突き止めたい。わかんないところがわたしの興味の対象となります。言葉の世界は面白い。ただ、言葉いじりが好きというのと、職人的な深まりを持って言葉と付き合うのは違います。この世界を嫌になったことはありません。机に向かっているときが一番幸せを感じます」

言葉は変化し、つねに揺れている。その揺れを辞書の中で固めてしまうことの功罪について北原はこう考えている。

「辞書の基本は現在の規範を示すことです。『今のところは』『本来は』これが正しいということを提示します。今は変わってきている言葉であっても、本来の意味、使い方を押さえておくことは大切です」

言葉は生まれ落ちたときから変化することが運命付けられている。人間が変化し、社会が変遷していく限り、言葉が変わらないことはあり得ない。古語辞典の場合、ある時点から ある時点まで期間を限定して言葉の変化を詳細に追っていく。一方、国語辞典の場合、その時点での意味、使われ方を意識しながらも、本来あるべき規範を示す役割を担っている。

グローバル化の波が地球全体を覆っている。通信機器や輸送手段の発達で人や情報が瞬時に移動するようになった。ある国や地域に他民族の言葉が入ってくることは日常の風景である。どの言語であっても、他言語からの影響を受けないわけにはいかない。言語の純粋培養は不可能である。ただ、そうした時代だからこそ、他言語に影響を受ける前の言葉の姿、本来の意味を確定しておくことに重要性があるとも言えるだろう。今ほど辞書の社会的意義が高まっている時代はないのだ。

言語の世界で断捨離はできない

辞書作成に携わっている人たちの取材を終えたとき、辞書づくりとは直接関係ないところで活動しながら言語や歴史、身体性や時間について語れる人に話を聞いてみたいと思った。中世ラテン語辞書の取材を通して僕は、辞書づくりだけではなく、幅広く時間や文化、伝統、国民性などについても考えていたためだった。

取材を打診してみたが、なかなか受けてくれる人が見つからなかった。テーマが中世のラテン語辞書、しかもそれを題材に言葉や時間について語ってもらいたいと希望するのだから、「荷が勝ちすぎる」「不適任だと思う」と説明されることも多かった。

そんな中、快くインタビューを受けてくれたのが米国出身のアーサー・ビナードだ。欧米と日本の両文化に精通し、しかも言葉について語れる人は誰かと考えていたとき、僕の頭に浮かんだ一人だった。ビナードは小学館辞書編集部のホームページ「Ｗｅｂ日本語」でエッセイ『日本語ぽこりぽこり』を連載したこともある。英米文学を学び、日本で短歌や詩を創作している。しかも、言葉をテーマにした連載を持っていたことを考えると、中世ラテン語辞書プロジェクトについて聞く相手としては申し分なかった。

ビナードは文化放送の人気番組「ニュースワイド　ＳＡＫＩＤＯＲＩ！」の「アーサー・ビナード　午後の三枚おろし」のコーナーに出演している。文化放送の知り合いを通じて取材を申し込むと、番組の収録後に時間をつくりましょうと連絡をくれた。少し早めに東京・浜松町にあるこのラジオ局に着き、収録現場を見せてもらった。収録の終わるのを待って挨拶した後、文化放送が用意してくれた会議室に移ってインタビューすることになった。

英国人が百年をかけて一冊の辞書をつくり上げたことについてビナードはまず、「ローマは一日にしてならず」の格言をもじってこう言った。

「当たり前のこと、やるべきことをやったように思います。『辞書は一日にしてならず』。ある時代の土台をちゃんと資料として成立させることは大切なことです」

ユーモアの中にも、伝えるべきことを正確に主張したいという意思が伝わってくる。

今回英国人が完成させた中世ラテン語辞書について彼は、これによって中世の先人がどんな言葉をつくり、どういう知恵や視点を持ち、どんなふうに世界をとらえていたかを知ることができるようになったと評価する。多くが市場原理で動く時代である。今回の辞書のように利益が見込めないものに時間と労力を割くことが難しい時代である。

「もうからないことをしないのは何も今に限ったことではありません。短歌の師匠が自分の父親の言葉として、こう教えてくれました。『この世でただで動くのは地震だけ』。いい言葉です。社会を冷ややかに見ている。たしかに市場原理優先の時代です。時代に合わない、グローバル経済の中では利益が出ない、という考えが強い。ただ、時代に合わせるという考えの方が間違っていると思います。時代に合わせないことで後々、人々に感謝されることはありますから」

「ただで動くのは地震だけ」。これはしばしば日本社会で口にされる言葉である。「ただで動くのは地震と風だけ」と表現されることもある。そのこころは、人間は何らかの利益が約束されて初めて行動するものであり、そうでもないのに人が動いた場合、裏に何らかの魂胆があると考えるのが適当ということだ。

一方、言語などの文化活動においては市場原理に合わないこと、経済的利益や効率を基準には計れないことが多いのも真理である。ビナードの話を聞いているとむしろ、ただで動くのは決して地震だけではないと思えてくる。

「経済的利益よりはるかに大事な宝物があることに気付くと、利益が出ないことでも人は動きます。それこそ人類が文明をつくり上げた力です。もうかるから短歌や俳句が続いているわけではありません。英語をつくった先人たちも、配当金をもらえるからそれをやったわけではない。人間が暮らしていくうえでかけがえのない、大事な宝だからつくり、残し、その結果、言語は発展した。日本語も同じです。『この世でただで動くのは地震だけ』という言葉にしても誰も著作権料を払っていない。言葉はみんなの宝物です。無料で提供されることで共有財産になる。言語とはそういうものです」

たしかに言葉や文字は経済的な力学を無視して生まれ、発展してきた。例えばアルファベットにしても、漢字にしても経済的利益を目的につくられたわけではない。ラテン語も同じである。言語とはそういうものだ。

ビナードは米国の大学で英米文学を専攻した。卒業論文は悪漢小説で知られるトマス・ナッシュ（一五六七～一六〇一年）をテーマにしている。

「僕は当時、ナッシュの頭の中をのぞきたい、彼が何を考えていたか知りたいと思っていました。そのためにはラテン語をやる必要があります。彼らの時代の知識人は英語教育を受けていないからです。英語教育はゼロです。実際、二十世紀に入るまでオックスブリッジ（オックスフォード大とケンブリッジ大）ではギリシャ・ラテン語を使っていました。家庭で使うのは英語ですが、大学の知的言語はラテン語でした」

最古の英文学は八～九世紀ごろの伝承文学『ベーオウルフ』と考えられている。その後、ジェフリー・チョーサー（一三四三年ごろ～一四〇〇年）が現れる。『ベーオウルフ』やチョーサーの中英語（ミドル・イングリッシュ）は、現在の英語（モダン・イングリッシュ）が整えられる以前の言語である。現代の英語がつくられたのはエリザベス一世女王（一五三三～一六〇三年）の時代になってからである。ウィリアム・シェイクスピア（一五六四～一六一六年）やクリストファー・マーロウ（一五六四～一五九三年）、トマス・ナッシュが出て、英語による作品を生み出していく。

「ナッシュやマーロウたちがどういう言語を使って、どこからその言語を引いているかを考えた場合、古典（ギリシャ・ラテン語）を知る必要があります。『古典なんて古くて、現在と関係ない』となるとシェイクスピアまでも捨てることになります。シェイクスピアの英語はラテン語の影響を受けているからです。そしてシェイクスピアを踏まえて十八世紀の英文学はできています。言葉は継続されています。途中で切って捨てることはできません。一旦捨て始めると自分たちの言語の宝物すべてを捨てることになります。言語の世界で断捨離はできないんです」

アイヌ語をあきらめることは日本語をあきらめること

言葉の継続性について語るビナードは日ごろから不思議に思っていることがあった。アイヌ語が絶滅しかけているにもかかわらず日本人の危機感があまりに薄いことだった。彼はいらだちさえ感じているようである。

「アイヌ語がなくなってしまうとき日本語はどういう立場に追いやられるのか。それが理解できていない。アイヌ語が滅びてしまったとき日本語がわからなくなる。そうしたことに対し日本人は不思議なほど危機感を抱いていません」

ユネスコ（国連教育科学文化機関）が二〇〇九年に発表した「絶滅が危ぶまれる世界言語地図」でアイヌ語は日本で唯一、危機の度合いが「極めて深刻」とされた。このほか、「重大な危機」に八重山語（八重山方言）と与那国語（与那国方言）が載っている。ビナードは日本語との付き合いを深めていく過程でアイヌ語にも興味を持った。カバンの中には分厚いアイヌ語辞典を入れている。

「英国人は使われなくなった中世ラテン語を守ろうとしている。ウェールズ語、スコットランド語を残そうともしています。生活言語として維持するのは難しいかもしれないが、その地域の公用語にして道路標識などでも使っている。英国人はそれを覚悟してやっている。一方、日本人は覚悟どころか問題を認識さえしていない。入り口にも立っていない。自分たちの置かれた状況がわかっていない。そうなれば言葉は失われていくことになります」

インターネットの普及で英語は準国際語の地位を不動のものにしている。英語による情報は世界を瞬時に飛び回り、その影響を民族や文化の力で遮断することは不可能になっている。彼の言葉を借りれば、「グローバル経済の中でグーグルとアップルが東インド会社になって植民地支配の力学が働いている」状況である。さらに、運輸・交通手段の発達で人・モノの移動が容易になり、ある民族集団の中に他の言語が入り込むことはもはや珍しくなくなった。よく日本人は「ニューヨークやロンドンの地下鉄では英語を聞かない」と口にするが、東京でも同じような現象が起きている。

「僕は池袋によく行きますが、あそこでは日本語を聞かないことも少なくありません。日本人は『日本列島（レットウ）』と言いますが違います。実際は、『日本アウトレット』で、日本がなくなっている。カネを落とす人々の共通語は英語と中国語です。この力に日本語が抵抗できると思ったら大間違いです。経済の力学、もうかるかもうからないかを基準に行動している限り日本語は必要なくなります。『アイヌ語はもうからないから止める』と考えた場合、次は『日本語ももうからないから止めよう』ということになります。アイヌ語をあきらめると、おっつけ日本語もあきらめることになるんです」

ビナードは言語の植民地主義に抵抗できるのは、経済の力学で動かない人たちだと思っている。「ただでも動く」存在、つまり経済的な利益を度外視して行動する人々こそが文化を守ることにつながる。古い言葉を残す努力、アイヌ語や八重山方言、与那国方言を何とか存続させようと踏ん張り続けることが言語植民地主義に抗することになると考えているのだ。

「英語の源流がアングロ・サクソンの民族語とラテン語にあるのと同じように、日本語にはアイヌ語が影響しています。カミはアイヌ語でカムイでしょう。イノリはアイヌ語でイノミです。土台の言語を失った言語は脆弱になります。弱い立場に置かれる。だからアイヌ語を守らなくてはいけないんです。アイヌ語の絶滅は将来、日本語の存続を脅かすことを知るべきです。日本語が続いているのは源があるためです。絶滅のドミノ倒しが起きる。それが言葉の運命です。アイヌ語をあきらめることは日本語をあきらめることにつながります。やばいと思わないのはあんぽんたんです」

口調に熱がこもってくる。言語、特に母国語を粗末に扱うことの危険に日本人が気付いていないことにいらだちを感じているのは間違いなかった。その背景には、一見便利なもの、効率のいいもの、早く答えを出してくれるものに対する警戒感、不信感があるように思えた。

言葉とは思想を伝える道具である。効率よくこの道具を使うことでスムーズに速く、思想を伝えることができる。一方で効率重視で言葉を使うことは、伝えるべき思想をゆがめることにならないか。本来複雑である事象や考えを便利な言葉を使うことで、単純化させることにならないか。効率よく言葉を使用することで、伝えるべき思想の複雑さを安易なかたちに変容させてしまうことの危うさはあるはずだ。ビナードの話を聞いているうちに僕は、複雑な事象、思想を可能な限りそのままの姿で伝え、残すには効率よりも正確性を重んじることが重要であり、利便性だけで言葉を使っていては、いずれ社会は平板になり、個々の社会の持つ味わいが薄くなっていくのではないかと思えてきた。

「終わったメディア」にこだわり続ける

ビナードの暮らしぶりを見ていると、効率を求めないことを、あえて自らに課しているようにすら思える。移動には極力、自転車を使い携帯電話は持たない。米国人なら誰でもやっているほど普及しているフェイスブックやツイッター、インスタグラムとも無縁である。他者が彼との写真をインスタグラムにアップし、ビナードのことをフェイスブックで紹介することはあっても自ら積極的にそうしたツールを使うことはない。意識的に距離を置いている。外部との連絡はもっぱら電話である。これほど街の公衆電話が減ってくると不便なことも多い。外から見ると、なぜそこまで不便な生活を選んでいるのか不思議に思えるが、本人は不便と感じていない。

「携帯電話にしてもSNSにしても便利とは思わない。利便性のために自分の思考回路を失うことは本末転倒もいいところです。今すぐに電話ができないからといって死にはしません。いつも非常食を持ち歩いているから餓死はしない。水は持っています。災害時に携帯電話はつながりません。携帯を持つことの危険は自分を見失うことです。時間を自分のために使えない。自分の頭で考えていたなら発見できたことが、携帯電話を持っていることによって見つけられないことがあります」

携帯電話を使うことは、詩作には特にマイナスだという。

「僕は詩人です。言葉をいじくって詩をつくります。たまに言葉が下りてくる。パッと詩が浮かぶことがあります。タイトルだったり最初の一行だったりします。それが下りてくるまではとてつもなく無駄な時間がかかります。それを経て発見があり作品が仕上がります。無駄な時間をはぶき、苦しみを抜きにして、言葉をつくり続けることはあり得ない。苦しむべき時間、考えるべき時間、悩む時間を奪うのが携帯です。持ってしまうと携帯は夢の中まで追いかけて来ますよ。スティーブ・ジョブズに夢まで奪われてしまうのです。僕はジョブズの亡霊と会話する気はありません」

ビナードの話をかみ砕くと、便利さを追い求めていては、精神の中に深く立ち入ることで初めて見つかるもの、生み出されるものを取り逃してしまう可能性があるということだ。たしかにそうした面はあるだろう。

一方、実際の社会を生きていくうえでは便利さを完全にシャットアウトすることは難しい。特に組織の中で活動する者は、組織を効率的に運営するためにも利便性を確保する必要が出てくる。

僕の場合、仕事の関係からどうしても携帯電話は必要だ。電子メールでのやりとりも欠かせない。携帯を手放し、電子メールを使わなくなれば、周りの者に迷惑をかける。ただ、フェイスブックやツイッター、ラインといったSNSはやらない。便利である、効率がよい、瞬時に多数とつながることができる、自分の意見を広く知ってもらえる、といった利点を考えてもさほど魅力を感じない。周りからは不思議がられることもある。人と直接会うこと、話すこと、手紙を書くこと、本を読むこと、芝居を見ると、そうしたデジタル情報ではない、実態により近い情報、触ったり、においをかいだりできることを大切にしたいと考えている。デジタル化が急速に進む今だからこそ、心して対応していくべきと思えるのだ。

居酒屋の席などでこうした話題になると知人から、「それならウォシュレットやシャワートイレも使わないのかい」と言われることがある。僕はSNSの長所、短所を自分で考えて対応しているだけで、技術開発による便利さを否定しているわけではない。もちろん手放せないほど便利な技術はある。ウォシュレットのないトイレは使いたくない。自動車も電車も飛行機も、そして電気炊飯器もなかった時代に戻ることは不可能だ。部屋ではロボット掃除機の手を借りている。洗濯機も全自動である。医療技術の発達には日々、感謝している。でも、思想や思考、精神と深い関係のある分野では利便性と距離を置くことがあってもいい。効率や利便性をいかに自分に合ったスピードで取り入れていくかの問題だと思っている。だから、いずれ僕もSNSを利用するときが来るかもしれない。周りの決めた速度、特に技術の製造者や広告メッセージの発信者が求めるスピードに合わせる必要はないと考えているだけだ。

ビナードは今、紙芝居をつくっている。デジタル情報にあふれた現代において、あえて紙芝居にこだわる理由はどこにあるのだろう。

「紙芝居はたしかに終わったメディアです。ただ、僕の人生には元々、紙芝居の存在はなかったんです」

紙芝居と出会ったのは日本に暮らすようになったときだった。午前中に日本語学校で学び、午後は池袋図書館で昔話の本を読みながら日本語に親しんでいた。そのとき図書館スタッフと顔見知りになり、児童向けのお話し会「おはなしたんぽぽ」が土曜日に開かれていることを知る。そこで初めて紙芝居を見た。

「あまりにも自然だったので、特別なものを見ている感覚はなかったんです。紙芝居に子供は引きこまれていました。絵は止まっているけど動きがあります。紙をゆっくりと引っ張ったり、素早く引っ張ったりします。ライブだからテレビよりも迫力がある。考えてみれば、『ハクション大魔王』や『鉄腕アトム』も紙芝居をテレビ向けにしたようなものです」

図書館スタッフに米国に紙芝居はあるのかと聞かれ、よく考えてみたが、紙芝居はどの国にもなかった。ビナードは日本独自の文化に、こんなにも楽しいものがあるのかと思い、のめり込むことになる。

「特殊なものは何も必要ありません。絵が描けたらできます。紙と木枠と、生身の人間です。電気も使わない。それでもテレビと同じぐらい効果があります。世界中で紙芝居があるのは日本だけです。大日本帝国がプロパガンダの道具として中国や韓国で紙芝居を使ったことはあります。だからそうした国々では紙芝居のイメージはよくありません。メディアは本来、軍国主義の道具ではないです。中身次第で毒にも薬にもなります」

六年前から彼が作成している紙芝居は、完成すれば童心社から出版されることになっている。「終わったメディア」にこだわり続けるのはなぜなのか。

「たしかに今や紙芝居には誰も関心を払いません。日本政府には紙芝居を管轄している官庁がない。電通にも博報堂にも紙芝居部門はありません。捨てられたメディアです。でもたしかに存在している。止まらず、進んでいる。まだ終わっていない。現状ではほとんどの企業も、政府も見向きもしない。今の時代に合わないと思われている。でも、技術と思い入れ、それがあれば続きます。良い悪いはつくり手、使い手次第です。辞書もそうかもしれません。辞書を使って何をするか。何を発見するかが重要です。言語は今の刹那だけでは計れません。長い時間をかけてつくられてきたものです。そのスパンで見るとあきらめるべきではないんです。紙芝居をつくって伝えていくことで、想定もしていないところへ可能性は広がります。言葉ってそういうものなのです」

インタビューを終えたビナードの次の予定は「紙芝居」出版についての打ち合わせだった。約束場所に急ぐ彼のカバンの中には、アイヌ語の辞書と紙芝居の下絵が入っていた。

なぜ「ほぼ日の学校」は古典がテーマなのか

中世ラテン語の辞書を突破口に言語や伝統について語れる人を探していたとき、僕の頭にまず浮かんだのが既知の河野通和だった。彼が以前、ネット上で僕の本の書評を書いてくれたことをきっかけに付き合いがあった。

河野は雑誌や本の編集者として長年、言語文化と向き合ってきた。二〇一七年からは糸井重里の発案で始まった「ほぼ日の学校」の学校長として古典を学ぶ場と機会を提供している。学校長になってからは会っていなかったため僕はまず、東京・外苑前にある「ほぼ日」事務所に河野を訪ねた。

芝居に使われそうな木製扉を開けて事務所に入り来意を告げる。しばらくして河野が笑顔で現れ、仕切りのない大部屋の片隅に置かれた机に案内してくれた。

「ここ、初めてですよね。会議室をとろうかと思ったんですが、こうした空間の方が面白いかなと思って」

事務所の中は丸の内界隈の大企業のオフィスにはないようなカラフルな家具が配置され、楽しい空気に覆われている。

河野には事前に取材の趣旨を説明していなかった。「相談したいことがある」という程度の説明にとどめておいた。改めて取材の主旨を伝えると河野は何度も、「なるほど、面白いね」とうなずきながら少し考える時間がほしいと言った。

二週間ほどして改めて事務所を訪ねると、河野は会議室を用意しておいてくれた。このときは体調がすぐれないようだった。たちの悪い風邪にかかり、数日前まで寝込んでいたという。声が出しづらいようだった。

「聞き取りにくいでしょうが了承下さい」

と言って河野はのど飴を口に放り込むと、中世ラテン語辞書プロジェクトについての印象を語り始めた。

「さすが英国と思いました。集団でやるにしても、個人の営為としてやるにしても辞書づくりをやってきた人たちが脈々といた。自分たちの言葉（英語）でもないラテン語という言葉。しかも今では少数の言語なのに、それを残そうとする。人が生きた記憶をとどめ、言葉を理解する手がかりを築いておこうとしたんでしょう」

河野は中世ラテン語辞書について「さすが英国」と語ったが、一方で言語を守り、次世代につなげる行為は何も英国人だけでなく、人類に普遍的な活動だとも考えている。

「目先のことだけでなく、将来のことを考え足元を固めることです。中世ラテン語の辞書は時間的な広がりの中で構想して、一人の人間のライフワークを超えた活動にしている。人間的で普遍的な営為です。すごいと思うと同時にどこで起こってもおかしくない。例外ではないと思います。ただ、こうした活動を文化の中に積極的に位置づけていけるか、社会がどこまでこれを奨励できるかを考えたとき、英国と同じようにできる社会はあまりないのが現実です」

現在では使われなくなった中世ラテン語を残すことに英国人はどうして、あれほどまで熱意を持ち続けるのだろう。そのエネルギーの源をどう理解すればよいのだろう。

「死者の思いを届けたいと考えた人がいるんでしょう。そうしたことに価値を見出す人たちが辞書を整備すべきと考えたのだと思います」

と河野は語り、現在の日本の状況と比較するようにこう付け加えた。

「会社などいろんな組織を見ていて思うんですが、その組織を築いてきた先輩たちが過去にやってきたこと、つまり前段の歴史ですが、それに対する敬意が薄れているんじゃないでしょうか。歴史がブームになってはいるけど、死者の感性を訪ね、そこに寄り添いたいという感覚はむしろ薄れているように思いますね」

河野は一九五三年、岡山市に生まれた。大学を卒業して中央公論社（現中央公論新社）に入り、「婦人公論」や「中央公論」の編集長を歴任した後、退社。二〇一〇年に新潮社に移って、「考える人」の編集長を務めた。すでに紹介したとおり、一七年から「ほぼ日の学校」に移っている。

この「学校」を特徴付けているのはテーマを古典に限定していることである。最初の講座（全十四コース）は英国の劇作家、シェイクスピア。そして、一八年七月からの第二弾（全九コース）は歌舞伎をテーマに据え、スタートから東西の古典芸術を取り上げることになった。なぜ対象を古典に限定したのだろうか。

河野によると、以前から「学校」構想を温めていた糸井は、古典を学び直す場にしたいという感覚を持っていたという。そうした考えが河野の思いと一致した。新しいものをつくり続けてきた糸井と古典。両者はどのように交わったのだろう。河野が糸井とのやりとりを思い起こすように話す。

「糸井はクリエーター、コピーライターとして仕事をしてきました。新しい市場、商品、消費者をつなげることにセンスを磨き、神経を砕いてきた。自分たちは新しいものを求めてきたが、創造は新しいところから来るのか。中世の人たちが何に思いをはせてきたかを考えたとき、汲めども尽くせぬヒントが人間の知の中にあるのではないかと彼は感じた。

自分の頭の中からアイデアを引っ張り出そうと思ってきたが、前を向くよりも後ろを振り返ることで発想が広がり、考えの枠組みが自由になることがあると考えたようです。わたしとの雑談でのそうした話が古典をやる伏線になりました」

巨人の肩の上に乗る小人

糸井は、思想家で詩人の吉本隆明（一九二四〜二〇一二年）と交流があった。若いころ、吉本の『最後の親鸞』を読んで、「飛び上がるくらいに面白かった」らしく、『ほぼ日刊イトイ新聞』で対談もしている。糸井は吉本との付き合いを通して親鸞や古代歌謡に思い巡らせる中、自分が古典を「拾い食い」しているような感覚を持っていたという。糸井はそうした自分を、「吉本さんの肩の上に立って古典を見ている」と表現した。「巨人の肩の上に立って」という表現は西洋の知識人がしばしば使う比喩である。

中世の人文主義者、ソールズベリーのジョンはラテン語の自著『メタロギコン』の中で、十二世紀のシャルトル学派総師、ベルナールの言葉を孫引きするかたちでこう記している。

〈私たちは巨人の肩の上に乗る小人のようなものだとシャルトルのベルナールはよく言っ

た。私たちが彼らよりもよく、また遠くまでを見ることができるのは、私たち自身に優れた視力があるからでもなく、ほかの優れた身体的特徴があるからでもなく、ただ彼らの巨大さによって私たちが高く引き上げられているからなのだと〉

先人たちの偉大な業績や知識のうえに自分たちは乗っているという意味で使われることが多く、近代の科学者、ニュートンが論敵への手紙でこの比喩を使ったことから、有名になった。英国の二ポンド・コインの側面には、この言葉が小さく彫られている。

糸井の中には、吉本という巨人の肩を借り古典をのぞきみているという気持ちがあった。そうした体験が古典を学び直す機会を提供する動機につながっている。

一方、河野は古典について、「素養はないけど、敬意は間違いなくありました」と言う。彼は文学的空気を吸いながら育った。母方の祖父、石田憲次（一八九〇～一九七九年）は京都大学教授を務めた高名な英米文学者である。山口県の徳山中学を出て、苦労して東京外国語大、京都大で学問を修めた石田は、京都大学で同級生の菊池寛と交流を持った。研究社の『新英和大辞典』をつくった英語学者、岩崎民平は徳山中学の後輩になる。二人は無二の親友で『英語達人列伝』（中公新書）にも二人の交流が描かれている。石田は十九世紀英国を代表する思想家、トーマス・カーライル（一七九五～一八八一年）の研究で成果を残したほか、『失楽園』で知られる十七世紀の英国詩人、ジョン・ミルトンの『言論と自由』を翻訳している。

河野に幼いころ、京都を訪ねることがあっても、書斎にこもる石田とは普段顔を合わせることは少なかった。ただ、朝ては会話の機会があった。石田は毎日朝五時に起き、犬と散歩することを日課にしていた。河野は散歩しながら祖父と会話することで、石田の持つ研学的姿勢に触れている。河野は小学生のとき、「永遠の相の下に」という言葉を口にして先生に驚かれたことがあった。十七世紀のオランダの哲学者、スピノザの言葉で祖父だ何気なく口にしていたようだ。

祖父の書棚に並んだ本を見ながら少年時代の彼は、「何であんな文字を読むのかな」と不思議に思っていた。そうした経験から、河野は原体験として学問と向き合う姿勢への敬意があった。古典を学ぶことの意味についてどう考えているのだろう。

「昔の人たちが何を考え、感じていたか。それを見たとき、知ったとき、何らかの変化があり開放感を覚えます。こういう人は昔からいたんだと知ることで人間の可能性を感じ、創造への可能性につながります。高度成長期のように現在から未来に時間が流れているときはいざ知らず、成熟社会になって時間が止まったときにどうするか。いろんなところに目を向けようとする人が現れます」

かれた喉から絞り出すように語る河野の考え、そして、河野の口を通して語られる糸井の古典への姿勢を知ることで僕は、英国人たちがなぜ中世の言葉をあれほどまで熱心に残そうとしたのかが理解できたような気がした。「自分たちは新しいものを求めてきたが、創造は新しいところから来るのか」「前を向くよりも後ろを振り返ることで発想が広がり、考えの枠組みが自由になることがある」。新しいものを創造するためには、むしろ振り返ることが必要なのだ。

僕たちはつねに時間の流れの中で生きている。大きくとらえれば、人類史の最先端に身を置いている。人類史という長い列車の先頭車両に乗り込み、線路の見えない空間を進みながら、幸せな生活を求め、よりよい社会を目指している。しかし、これだけ技術が進んだ今も、将来は未知である。前の見えない状況に変わりはない。だから不安になることもある。そんなとき後ろを振り返ってみる。そこには先人たちが歩んできた大河がある。長大な河の流れの先に自分たちがいることが確認できる。その大河には生きる知恵が集積されている。前進するときこそ、後ろを振り返る必要がある。

糸井は吉本隆明の肩に立って古典を見ていると表現した。「わたしたちは巨人の肩の上に乗る小人のようなものだ」とベルナールの言葉にある。考えてみると僕たちはみんな、先人たちの肩の上に立って技術を開発し、新しい発見につなげている。過去と切り離された状況でことを成し遂げる者は一人としていない。「巨人の肩の上に立つ」ためにも先人たちの成し遂げた業績を理解する必要がある。英国人の中世ラテン語辞書にかける思いは決して、過去の言葉を固めるためだけではなかった。人々が前に向かって進むために必要だったのだ。

シェイクスピアの「生命力」

高度成長期のように社会が成長のエネルギーに満たされているとき、人は未来と対面することに精力を注ぐ。つねに前方から変化が迫り、それに合わせることで成長が実現し、幸福を感じることができる。そうした成長の時代が終わり、日本や英国のように社会が成熟局面に入ったとき、前だけを向いていても幸福はやってこない。そういうときこそ後ろを振り返り、横見をいとわないことで、これまでと違った価値観に気付く。英国で中世ラテン語辞書のプロジェクトが始動した一九一三年当時、産業革命からの成長に終止符が打たれかけていた。河野は言う。

「中世ラテン語辞書も成熟社会の中で出てきたように思います。中世の人々が残した文献に大きな英知が残っているかもしれない。だからそれに向き合う準備をしておこう。そうした活動に一生を費やす人が現れるのは人間らしさです。倫理観を持つ人が現れるのは自然なことですね」

「ほぼ日」の学校長として手がけたシェイクスピア講座の生徒は九十九人。シェイクスピア研究者の河合祥一郎や俳優で演出家の串田和美、作家の橋本治たちを講師に迎え、シェイクスピア作品の魅力だけでなく古典を学ぶことの意義についても考える講座である。学生時代に演劇部に在籍した医師、向井万起男のように専門外からシェイクスピアにこだわりを持ち続けた講師を加えるなどユニークな「シェイクスピア考」になっている。

講座第一弾のテーマにシェイクスピアを選んだ理由は、「誰もが知っているようで、深くは知らない」点だった。

「糸井の意向が強かったと思います。二人で一致したのは四百年という生命力です。時代によって浮き沈みはありますが、世界中で息長く演じられている。その生命力の理由を知りたい。そして、みんなシェイクスピアを知っているようで、実はよく知らない。知った気でいるが多くの人が消化不良感も覚えている。だからもっと知りたいとの思いは強い。シェイクスピアこそ向学心をそそる対象だと考えたんです」

河野は「ほぼ日の学校」開校の挨拶でこう書いている。

〈古典は過去の遺物だと思って、タカをくくったり、敬遠してきた皆さん！
読みかじり、聞きかじりで何となくやり過ごしてきた人たち！
私はどうも、最近になって、その「欠落」が気になります。
何とか学び直せないものだろうか、と思います。
そこで、何かいい補助線を見つけることで、
古典というものを、いまの自分たちの好奇心に照らして、
おもしろく読み解く試みを
始めたいと考えました〉

古典を深く知ることで面白く読み解くことができる、古典を過去の遺物にすべきでない、と河野は考えている。そうした考えの背景には、昨今の日本に広がる、便利さや実用性を何より重視する風潮への違和感が潜んでいる。

「『考える人』を編集しているときでした。大学の人文系学問に対して冷たい風が吹いていました。『大学の英文学部ではまだ、シェイクスピアなんて使えない英語を教えているのか』という声も聞こえてきた。何を言っているのかと思いました。実用知に対する過剰な期待と人文知に対する無理解です」

現在、アカデミックの世界でさえ、すぐに役立つ知識への偏重がある。研究の世界でさえ、直接的に役に立ち、経済的な利益が見込めるかどうかが重視される。哲学や史学、基礎科学のようなすぐには役に立たない学問や知識には、「そんなものを研究して何になる」「そんなことを知ったところで何の役に立つのだ」という批判がついて回る。すべては「現実社会で役に立つ」かどうか。特に経済性の観点で役立つかどうかを基準に計られる。極端にいえば、どれだけもうかるかのみを基準にすべてが語られる。

しかし、人類史、学問史を振り返れば、科学は人文の派生物として生まれてきたことがわかる。ギリシャの大哲学者、アリストテレスは倫理学から生物学、政治学、修辞学まで幅広く研究している。ピタゴラスにしても研究対象は哲学から数学、音楽にまで及んでいる。そもそもギリシャ時代には哲学と数学は、「実用的な解決に満足することなく、思索そのものを深めていく」という点で同一線上にあると考えられていた。ギリシャ時代に限らず近代哲学の祖とされるデカルトは数学者でもあった。高名な数学者、岡潔（一九〇一～一九七八年）もまた、「日本人」について考え続けた哲学者だった。河野は言う。

「知というのは、人間の混沌に何らかの答えを求めよう、ヒントを求めようとする活動です。セカンドクラス（二流）の秀才たちが役に立ちそうな学問だけに目を向けて、国ごとその方向にシフトするのはお馬鹿なことと思えたんです。人文知をもう一度、掘り起こしたいとの思いはありました」

役に立ちそうな学問だけに目を向けることへの抵抗――。収益をほとんど度外視して中世ラテン語辞書をつくり続けた英国の人々の中にも、こうした意識や感情があったのかもしれない。

河野自身は大学ではロシア文学を学んだ。祖父が英文学、知り合いには仏文学をやっている者もいたため、「人と一緒のことはしたくない、まねするのは嫌だ」とロシア文学に進んだ。ロシアの文学を学びながら、ロシア語によって消えていった少数民族の言葉について考えることもあった。

「ロシア語帝国主義の犠牲になった言葉があります。言葉が消えていくということは、生きた証が消えること、記憶が消えることです。言葉に対する人類の感覚というのは独特のものがあることを覚えておくべきです」

「ほぼ日の学校」の最初のテーマをシェイクスピア、二番目を歌舞伎にした裏には、演劇を対象にしたいとの思いもにじんでいる。単に教養を学ぶのはなく、演劇なら空間の中で語り、いろんな人が関わっていくことが可能だ。観客、テキスト、そして俳優の肉体が同じ空間に存在できる。

「テキストだけを前に座学するのではなく、立体化することでみんなが体感できる。それもいいと思ったんです」

中世ラテン語辞書プロジェクトでは編集者たちは実際に体を動かしながら辞書を編集していった。地下鉄に乗って図書館までおもむき、古文献を手に取って、ページをめくり一言一言、目で確認していった。身体と結びついた作業である。こうした身体性について河野はこう言う。

「何を感受するかということでしょうね。情報の受け止め方です。子供が虫の研究をするとします。検索して虫の情報を引っ張ってくるのと、汗をかきながら裏山に登り、泥に脚を取られながら虫について確認する。それらはまったく違う体験です。ラテン語辞書の場合、そこに行って、どう書かれてあったか、どう印刷されていたかを確認することで、それを書き留めた人の体温が伝わってくる。紙の向こうに時代がすけて見える。それが身体性でしょう。脳の一部で情報を受け止めるのではなく五感で受け止める。体を使って受け止めていくことと、頭の中だけで情報を組み立てるのとは違った体験です。体を使うことが基本だと思っています」

インタビューを終えて録音機を止めると、河野は「声が出なかったので、聞きづらかったんではないですか」と気遣いを見せた。体調の悪さを押して取材を受けてくれたことに感謝しながら事務所を後にした。

失われ行く漢文の素養

　これまでにも紹介してきたが英国におけるラテン語を、日本にとっての漢文になぞらえる人は少なくない。古い文語を研究し、残して学ぶ意義について漢文研究家はどう考えているのだろう。

　中国文学者の守屋洋に連絡を取ると、取材を受けてくれるという。守屋に時折、企業の経営者らを対象に論語を講義している。明治記念館での講義の後、美しい庭の見える記念館内のラウンジでインタビューすることになった。

　守屋はフォークでケーキを口に運びながら、日本における漢文の現状についてこう説明した。

「まったく廃れたかというとそうでもない。細々とやっています。ただ、漢文の素養はわたしの世代あたりで切れています」

　守屋は一九三二年生まれ、十三歳で終戦を体験している。旧制中学に入学し、卒業したのは新制高校だった。旧制中学、旧制高校では漢文学習がまだかろうじて残っていた。漢文を教えることのできる教師も多かった。

「今は教える先生がいない。先生自身漢文をよく知らない。国語の先生が片手間にやっている。だから面白いところを教えられない。特に平成になってから、がくんとだめになったように思います」

漢文文化圏は中国、朝鮮半島、台湾、ベトナム、日本に広がっていた。守屋によると、四十年くらい前までは、日本の企業経営者や政治家に漢文の素養がある人が少なくなかった。中国古典を読んでいる人も多く、「好きな本」として論語や孫子を挙げるケースは多かった。

「夏目漱石や森鷗外の世代は基本的な教養が漢文です。江戸時代、正統派は漢文でした。漢文が読めないと江戸時代の文学は理解できないんです」

たしかに漱石、鷗外の世代にとって漢詩文は教養人として必須のものだった。漱石は漢文紀行『木屑録』、鷗外は漢文日記『航西日記』をそれぞれ書いている。さらに、その一つ下の世代である永井荷風にしても、漢詩文の素養を身につけている。彼は『断腸亭日乗』の中で漢詩を書いているし、小説よりも漢詩・漢文の方が上等と考えていたとされている。

明治維新後の「脱亜入欧」政策で漢文の地位は低下し、その流れは第二次世界大戦によって決定付けられた。

「政治家を見ると中曽根（康弘元首相）さんのところで切れている。中曽根さんは漢文の素養を持っていたが、竹下（登元首相）さんや安倍（晋太郎元外相）さんにはありません」

中曽根は一九一八（大正七）年、竹下、安倍は共に一九二四（大正一三）年生まれである。守屋は「わたしの世代あたりで漢文の素養が切れている」と語っているが、竹下、安倍は守屋よりも上の世代である。本来なら漢文に親しんでいるはずの世代だが、みんながみんなその素養を有していたというわけでもなさそうだ。

では、日本社会における漢文の重要性はどのあたりにあるのだろう。

「明治、大正、戦前までは公文書でも漢文脈で書いていました。漢文脈は簡潔です。漢文の素養があると立派な文章を書けます。また、漢文が失われることで、伝統が切れようとしていることも大きい。伝統の中で漢文の占める位置は大きかった。それが絶えてしまうわけです。欧州のラテン語の地位と似ているかもしれません。大きな時代的な流れです。こっちが漢文を知っていても、相手が理解できないと使えない。だからどんどん使わなくなります」

漢文を学ばないことで日本語の伝統が途絶えることを守屋は危惧している。この点はアーサー・ビナードの話と共通している。ビナードは、「シェイクスピアの英語はラテン語の影響を受けている」「言語は途中で切って捨てることはできない」「言語の世界で断捨離はできない」と語っている。その論法でいけば、漢文を捨てることは日本語を捨てることにつながらないか。漢文を理解できなくては、日本の古典はわからない。夏目漱石や森鷗外には漢文の影響が色濃く出ている。漢文を捨てた場合、いずれ日本人は漱石や鷗外を正しく理解できなくなるのではないか。漱石や鷗外を理解しない日本人に、それ以降の文学が理解できるだろうか。言葉の伝統はそうした流れの中で見る必要がある。

思想までも捨て去るということ

今の政治家や経営者を見ていると、おしゃべりは達者でも、中身のある話のできる者が少なくなっていると守屋は痛感している。基本的な教養と覚悟に欠けているためだと言う。

「人間としての厚みと言ったらいいんでしょうかね」

漢文を習得することは言葉としての漢文を理解するだけを意味しない。漢文によって記述された思想や哲学、宗教、歴史を知ることにつながる。つまり、漢文を捨てることは、道具としての漢文から遠ざかるだけでなく、漢文を通して脈々と受け継がれてきた思想や生活習慣までも捨て去ることを意味する。

日本人が漢文によって特に盛んに学んできたのが儒教だった。

「日本は伝統に合う部分をセレクトして儒教を入れました。日本の場合は鎌倉時代から武士道があり、江戸時代になると儒教を取り入れました。新渡戸稲造の武士道は儒教的な武士道です。葉隠れの武士道とは違っています」

守屋によると儒教には、「ただもうければいい」という思想はない。IT関連企業の経営者のほとんどは漢文を理解しないこともあって儒教的な価値基準とは縁遠い。日本的儒教の考えを忘れたことが昨今の利益至上主義傾向に拍車をかけているのではと彼は考えている。

この点は西洋文明が直面している問題と共通点は少なくない。欧米文化の通底には、キリスト教の価値観が横たわっている。日曜には商売をせずに教会で落ち着いた精神的な時間を持つ。こうしたことがもうけ一辺倒の風潮にブレーキをかけてきた。生活から宗教的色彩がなくなる中、キリスト教の価値観を自覚しながら生活している人が減っている。そうした環境が、利益至上の考えを増幅させる遠因になっている可能性は否定できないだろう。

「反省の声が上がり始めているように思います。利益を求めるだけでは、人間が小さくなりすぎる。今こそカネ以外にも大切なものがあることを確認すべきでしょう」

守屋は最後に江戸末期の農民思想家で、経済と道徳の融和を説いた二宮尊徳の言葉を引いた。

「経済なき道徳は戯言であり、道徳なき経済は犯罪である」

二宮尊徳は論語を読み込み神道、仏教、儒教に通じていたとされている。古典を学ぶことで思想は時代を超えることができる。

時代と共にある文化が廃れ、別の文化が社会に芽生えてくることは当然の成り行きである。明治維新以降、急激な西洋化によって日本社会が変化したことを否定的にとらえる必要はない。西洋文化の持っていた民主主義や啓蒙思想、科学重視の考えが日本社会に影響したことは歓迎されるべきことだろう。野球やサッカーなどスポーツを楽しみながら、そのスポーツが内包している文化に触れ、ジャズやクラシックといった西洋が生んだ音楽、西洋絵画や映画に触発されるかたちで日本社会が多様性を持ち得たことを喜ぶべきだ。ただ、一方で漢字・漢文が担ってきた伝統や文化を切り捨ててしまうことの否定的側面にもっと目を向けてもいい。一例を挙げるなら、学校教育の現場で昨今、英語教育の重要性を叫ぶ声は高まる一方であるのに対し、漢文や古文の大切さが語られることはまずない。西洋文化を取り込むことに社会を挙げて邁進することには負の側面もついて回るのである。

勇気あるレキシコグラファーの仕事

最後にインタビューしたのは編集の専門家、松岡正剛である。松岡は古代から現代、日本の地方から世界まで時空間を縦横に飛び回り、情報について考えを巡らせてきた。漢字研究の第一人者、白川静（一九一〇～二〇〇六年）を早くから評価し、白川についての著作もある。

さらに松岡は世界の辞書にも関心が高い。人気ウェブ書評『千夜千冊』第六夜でジョナサン・グリーン著『辞書の世界史』を紹介している。その書評を彼は、「辞書編集者のことをレキシコグラファーという」と書き出し、サミュエル・ジョンソンが英語辞典を出す以前のレキシコグラファーについて、最も退屈な仕事を最も熱心にする者としか思われていなかったと紹介している。そのうえで松岡は辞書の重要性をこう語っている。

〈レキシコグラファーの歴史は遥か昔のシュメール時代にさかのぼる。しかもその仕事は「最も退屈な仕事」なのではなく、世界を編集するうえでの最も勇気のある仕事だった。

たとえば盲目の詩人ホメロスは『イーリアス』と『オデュッセイア』を記録したが、その言葉は400年にわたってまったく解読不可能なものになっていた。そこで、その解読

のためにギリシア語辞典が出現した。いいかえればその出現がギリシア語という〝国語〟をつくったのである〉

松岡に取材を申し込むと、「少し先になりますがお話しします」と返事があった。約束の日時に東京・赤堤にある編集工学研究所を訪ねた。小田急線豪徳寺駅から歩いて七分ほどのところにある事務所に入ると、中は吹き抜けになっており、倉庫のような空間だった。壁や柱に沿って高々と積まれた蔵書は約二万冊にもなるらしい。この接客空間を早稲田大学文化構想学部准教授のドミニク・チェンは松岡との共著の中でこう表現している。

〈あたかも異次元への入口さながらの空気を醸している。まるで映画『インターステラー』の終盤で主人公クーパーがブラックホールの中の特異点（シンギュラリティ）を超えて迷い込む四次元の超立方体（tesseract）のように、過去から現在に至る松岡さんの関心を滋養してきた無数の書物の気配を浴びているだけで、知の母胎のようなものと臍の緒で接続しているような感覚を覚える〉

松岡は大型書店などで選書、書棚の構成を引き受けることがあるが、この接客空間に身を置いていると、松岡の選書や構成の趣味が自然と伝わってくる。

ソファに案内されてしばらく待つと、松岡が階段を下りてきた。眼鏡の奥から柔和な目がのぞく。大きなテーブルを挟んで向かい合うようにしてソファに深々と腰を沈めると、松岡はこう言った。

「取材依頼を受けてから、時間がかかってしまいましたね。こんな年齢になる僕ですが、話を聞かせてくれとやってくる人がいましてね」

僕もその一人である。さっそく中世ラテン語辞書プロジェクトについて水を向けると、彼はこう話し始めた。

「英国人にとってラテン語は特異な言語です。英国は本来、新しいものに関心を示す国です。また、国教会をつくっていることでもわかるとおり、独自化を図ってきた。自分たちにとってラテン語とはどんな存在なのだろうという思いは、英国人の中にずっとあったはずです」

松岡が指摘した独自化とは、主に大陸欧州との関係を意味している。英国はキリスト教やラテン語の文化圏にあり、つねに大陸から強い引力を受けながら、一方で大陸の文化から距離を置き独自の道を探ってきた。キリスト教については、ヘンリー八世国王からエリザベス一世女王までの時代に国教会の体制を整え、バチカンの支配から自らを解放している。ラテン語についても、中世ラテン語の中に独自の言語体系をつくり上げた。松岡の言うとおり、中世ラテン語の辞書プロジェクトもローマとのつながりだけでなく、むしろ大陸からの独自性を確認する作業の一環と位置づけることができるのかもしれない。

大陸欧州からの独自性を求める英国の姿は、中国から文化をコントロールしながら取込もうとした日本のそれと似ている面がある。松岡の話は江戸時代の国学者、本居宣長に飛んだ。

「宣長は『古事記』を四十年かけて読み込んでいます。彼は『古事記』が読み間違えられていくことと闘っていました。彼は『からごころを排する』と書いています。『古事記』は漢字で書かれている。そこから漢字による発想を排除するわけです。『天地』を『あめつち』と読むんです。解釈が変わっていくことを防ぐためです」

松岡は千夜千冊で長谷川三千子著『からごころ』についてこう記している。

〈よく知られているように、本居宣長が生涯を通して迫ろうとしたものは「古意」（いにしへごころ）というものだった。それに対して、その古意を失わさせるもの、それが「漢意」（からごころ）なのである。

「からごころ」といっても、必ずしも中国主義とかシノワズリーということではない。宣長は『玉勝間』に、こう書いた、「漢意とは、漢国のふりを好み、かの国をたふとぶのみをいふにあらず、大かた世の人の、万の事の善悪是非を論ひ、物の理（ことわり）をさだめいふたぐひ、すべてみな漢籍の趣なるをいふ也」。

（中略）

一言でいえば、宣長は中国の例をもって安易にグローバリズムに立つなと言っているわけなのである。これは今日の日本人の多くが欧米とりわけアメリカの事例をもってグローバル・スタンダードだと言っているのと同様に、かなりの本質を突いている〉

すぐ近くに中国という巨大な国が存在する日本は歴史的に、中国から文化的影響を受けることを運命付けられてきた。グローバル化の時代に米国の影響をコントロールすることが難しいことと事情は似ている。英国にとっては大陸欧州の影響をいかに管理するかということこそ伝統的課題だった。それが現在も続いていることは、英国が欧州連合（ＥＵ）からの脱退を決めたことでもわかる。

中世ラテン語辞書を編集した英国人の多くはこうも語っている。

「辞書をつくることで中世の文献を正しく読むことができる。後世の人たちが読み誤らないためにも辞書が必要だった」

英国が今回、他の欧州諸国に先駆け、自分たちの古文献にある中世ラテン語を徹底的に調べ上げた背景にも、ラテン語を自国文化の中に位置付ける活動、本居宣長が漢字で書かれた『古事記』から「からごころ」を排除して、後世の人々に間違った解釈をさせないとの思いに通じるものがあるようだ。

バベルの塔伝説と共通言語への関心

縦横に飛ぶ松岡の話はユダヤ、キリスト教文化圏にある「バベルの塔」伝説に移っている。

「言語はかつて一つだったという考えです。それが人種や民族で分かれていった。『バベルの塔』です。ラテン語が英国に入ってきたとき、どんなケミカルな反応が起きたのか。それを見たいとの思いがあるんじゃないでしょうか」

旧約聖書「創世記」十一章にはこうある。

〈全ての地は、同じ言葉を用いていた。東の方から移動した人々は、シンアルの地の平原に至り、そこに住みついた〉

この中に「バベルの塔」が登場する。ノアの大洪水の後、バビロン地域に住んだ人類は、頂が天に達するほどの高い塔を建てようとした。しかし、この試みに神は怒り、互いに言葉を通じなくした。そのため人類は民族ごとに各地へ散り、違う言葉を話すようになった。欧米人の思想底流にこうした伝説が無意識のうちに生きており、それが言語の歴史をさかのぼって異民族との関係を知り、自分たちの歴史を明らかにしたいとの意欲につながっている可能性はある。

現代の欧州人と付き合って、宗教を感じることは多くない。ただ、そうした世俗的な欧州人であっても生活の基盤にキリスト教の習慣が根付いていることは間違いない。欧州の人々は意識を超えたところで聖書の考えを体内に取り込んでいる。「バベルの塔」伝説についても知らない欧州人は少ないだろう。あれだけ狭い地域にありながら、互いに異なる言葉を話す現状を見るとき、欧州の人たちが「バベルの塔」伝説を思い浮かべても不思議ではない。こうした伝説を共有していることが、共通言語としてのラテン語への興味を一層膨らませる素地の一つになっているとも考えられる。

松岡はまた、欧州の持つ「編纂」に対するエネルギーにも注目している。

「欧州の人々は辞書や百科の編纂では大変な時間や労力を費やすことがあります。例えばドイツは、第一次世界大戦直後から（哲学者で数学者の）ライプニッツ全集の編纂作業に着手しました。書簡、手紙が相当多く、百年経ってもまだ終わらない。さらに百年を要するとも言われています。コレクト（集める）してコネクト（つなぐ）する作業です。コレクトにもコネクトにも時間がかかるんです」

松岡が「コレクト」と「コネクト」と表現したとき、僕の頭の中には中世ラテン語辞書プロジェクトにおけるワードハンター（コレクト）と編集者（コネクト）の関係が浮かんだ。ボランティアのハンターたちが古い古文献の森を探索して言葉を集める。そうして集まった言葉を編集者たちはつなぎ合わせて一冊の辞書をつくり上げた。まさに欧州の伝統的なコレクトとコネクトの作業だったのだ。

百年の苗代

松岡は日ごろから、頭で考えるだけでなく体を使うこと、「身体性」を重視すべきと発言し続けてきた。友人の舞踊家、田中泯との共著『意身伝心』の中で、「言葉と身体は一緒くたに発達してきたものだった」と語っている。「伝える」手段として言語と身体は本来、一つのものであると松岡は考えている。中世ラテン語辞書の編集者たちが身体を使い、手作業で辞書をつくり上げたのは、中世とコミュニケーションし、それを後世に「伝える」ためには必要なやり方だったのかもしれない。

「伝えるために体を使うことは重要です。それは言語や文字でも同じです。元々、言語文化はオラル（声）の社会です。人々は十六、十七世紀まで本を音読していました。印刷技術がないため写本が必要でした。写本のためにも声を出して本を読んでいた。文字を読むことは本来、身体的です。アコースティック（聴覚）な回路を使います。グロッサリー（用語辞典、用語説明）とは元来、舌の動きのことです。グラマー（文法）もそうです。音読していたから、それらは『声』から来ている。活版印刷が生まれ音読力が落ちる以前、中世は音読社会でした。聴覚だけではありません。書物はダブルページです。欧米では目でスキャニングされながら左から右、上から下に動いていく。目の動体認知、声の出し方を考えても言語、文学は身体的です。身体全部が動いてコミュニケーションしていた。今は身体がなさすぎます」

中世ラテン語辞書の作成は市場原理とはかけ離れている。時間と人手をかけて、売れる見込みの少ない本をつくるのは、市場原理とは別の価値基準が存在することの証明でもある。加速度的に進むグローバル化の流れの中、市場原理や効率を優先させる昨今の風潮について、松岡はどう理解しているのだろう。

「文明は量、文化は質です。量の文明を支えてきたのが文化、つまり質でした。質がなくなれば結局、量しか残りません。それは危険だと思います」

松岡はこう語り、フランスの社会学者、ピエール・ブルデュー（一九三〇～二〇〇二年）の著書『資本主義のハビトゥス』について触れた。

「ハビトゥスとは習慣や癖、好みのようなものです。これに資本を投下しないと資本主義は廃れると彼は言っています。文化にお金を回すべきなんです。市場主義は流通するスピードで量を計ります。時間が延びても、そこに投資ができる構造が必要です」

松岡は『千夜千冊』でも『資本主義のハビトゥス』を取り上げている。

〈ブルデューの出発点は「人間であること、それは文化を身につけることである」という点にある。すべての起源はそこにあり、すべての重要性はそこにあった。そこでブルデューは「文化的資本」という見方を想定してみた。文化的資本は書物や絵画のように物質的に所有可能なものから、知識や教養や趣味や感性のような個人のうちに蓄積され、漂流し、ときに身体化されているものまでを含む。ブルデューは当初からそのいずれにも関心を示したが、わけても身体化されている文化的資本に注目した〉

松岡の考えでは、言葉こそ本来、身体性に最も近い文化的資本であり、ブルデューはそうした資本こそ「人間であること」の起源と考えた。そうであるならば、言葉を採取して編んでいく作業は極めて人間的な行為と言うことができるだろう。

中世ラテン語辞書の完成には百年の時間が費やされている。時間をかけることの重要性について、松岡はこう考えている。

「例えば千利休です。利休さんは湯飲みを最初、小さな空間で数人に見せる。すぐにオープンハウスには持っていかない。三年後にそれを市場に出すと、すでにその価値は一万倍にもなっている。三年の苗代です。文化にも苗代が必要です。文化には、悪の文化、快楽の文化、麻薬的な文化もある。時間的な孵化《インキュベーション》をもって、悪を切り捨てることが収益にもつながります。文楽にしたってそうです。観客が入らないからダメで終わってはいけない。網で（観客の心を）すくえないなら、編み目をつくり直す必要があります。文楽だったら、子供にとって良いとか、心の傷を癒やす効果があるとか。どういう編み目をつくったら収益を上げられるかを考える必要があります。苗代効果についてもっと評価してもいいはずです」

競うように速さが試される時代である。しかし松岡の言うとおり、時間をかけることで、それが歴史に耐えうるものかを確認することが可能になる。時間という河を下ることで、ごつごつした石は削られて身を光らせていく。不必要なもの、本質的でない部分を削り取ることで重要な部分が姿を現す。苗代は時間に耐えうるかを確認するためにあるのではないか。

インタビューを終え、松岡としばらく雑談に興じた僕は、英国の中世ラテン語にとって百年という時間は苗代だったのだと思った。英国の人々は、社会全体で中世の文化、習慣、思想、科学について静かに考え、確認する時間として苗代的時間を必要とした。中世約一千年の間に使われた言葉の辞書をつくり、それを石のように磨き上げるために、百年の苗代が必要だったのだ。

第X章　辞書の完成

価値を生むのはこれから

『英国古文献における中世ラテン語辞書』プロジェクトが最終的に終了したのは二〇一四年九月だった。辞書自体はその前年末に完成している。その後、一人で残務整理をしたのが最後の編集長、リチャード・アシュダウンだった。二〇〇八年に副編集長としてこのプロジェクトに携わり、二〇一一年十月に第三代編集長に就任。辞書を完成させた後、九カ月をかけて、彼はワードハンターが集めた全スリップ七十五万枚を二百五十箱に収め、パリにある国際学士院連合（ＵＡＩ）の「新しい創造」プロジェクト事務局に送った。その後、辞書のデジタル化計画について英国学士院との調整も続けてきた。すでに編集のための机や椅子、書棚は撤去され、英国学士院の元には十七分冊の辞書とデータを保存するコンピューターだけが残った。

二〇一五年二月、僕はオックスフォード大学にアシュダウンを訪ね、二回目のインタビューをした。

最後の編集長となったことは幸運だったでしょうと水を向けると、こんな返事が返ってきた。

「編集長になったとき、わたしがプロジェクトを締めくくるだろうことはわかっていました。作業はほぼゴールに近づいていましたから。自分が最後の編集長になれるなんて、何て幸せだろうと思っていました。ただ、最後の三年間は予想していたよりもはるかに厳しく辛い時間でした。やるべきことが多く、ほかのことをしたり、辞書以外のことを考えたりする時間はほとんどなかったと言えます」

幸せを感じるよりも安堵していると言った方が適切なようだ。

オックスフォード大学で古典を教える生活に入った彼は、完成した中世ラテン語辞書についてどう考えているのだろうか。ラテン語をほとんど使わなくなった今、辞書を完成させたことをどう考えればいいのだろうか。

「古典ラテン語や中世ラテン語を使う人がほとんどいないことは認めなくてはいけません。それだからこそ、この時期に辞書が完成したことの意味は、むしろ大きいように思います。言葉は使われなくなると、次第に意味を理解することが難しくなります。辞書をつくっておくことで言葉の意味を確認する基礎ができました」

コンピューターが普及しインターネットが生まれた今、ほとんどの調査は机の上で可能になった。今回完成した中世ラテン語辞書プロジェクトのような作業は今後、姿を消すはずだ。一語一語を原典で確認するため、編集者が地下鉄に揺られて図書館や公文書館に足を運び、書棚や書類ケースに腕を伸ばして古い本や文献を引っ張り出して、ページをめくっていくような作業はあまりにも非効率である。

この点をぶつけると、最後の編集長はこう返した。

「同じようなプロジェクトを今、提案できるか。どうでしょう。難しいでしょうね。現在の基準では、一つのことに百年もの時間をかけるのは馬鹿げた計画です。そんなことをやろうとすれば、愚か者、無謀と言われると思います」

このプロジェクトがスタートしたのは社会がコンピューター化されるはるか以前だった。そして、プロジェクト後半になって社会に電子化の流れが生まれる。アシュダウンは二〇〇八年に副編集長になったとき、編集作業の一部にコンピューターを導入している。彼自身は電子世代である。インターネット全盛のこの時代、無料でさまざまなデータが入手できる。ラテン語にしても簡単なものなら無料で翻訳することも可能だ。

「ウェブ上を飛び交っているデータに比べ、はるかに信頼性の高い情報が辞書に詰め込まれています。完成した辞書は細部まで神経を使ってつくり上げられているのです。言葉の語源、いつから、どんな意味に使われるようになったか。それぞれ原典を示しながら記されています。研究者が中世の文献を正しく読み込むためにはウェブを飛び交っているデータだけでは不可能だと思います」

さらにこう付け加えた。

「わたしたちは三百年以上にわたって本を使ってきました。書類としては八百年以上前のものもあります。一方、電子情報についてわたしたちはたかだか十年、二十年の経験しかありません。今後、百年、二百年とこの情報が生き残るのかどうか確信を持てません。たしかに、検索をしたり、分解したりするには便利です。しかし、紙に比べ壊れやすいかもしれません。紙の本は正しい条件で保存した場合、長く維持できることを知っています。コピーするのも難しくありません」

二度目のインタビューを終えた。オックスフォード大学構内を一緒に歩いているとき、アシュダウンはこう口にした。

「過去に偉大なる人々が献身的に携わってきたこのプロジェクトに、自分が終止符を打てるのは幸せでした。まさに特権でした。この辞書を完成させて思うのですが、『終わり』という言葉はそぐわないように思います。辞書が利用されるのはこれからなのです。世界は今、この辞書から利益を受ける時代に入ったのです」

彼の顔からは安堵よりも決意が伝わってきた。

完成した辞書の最後のページには英国学士院の中世ラテン語辞書特別委員会議長でオックスフォード大学教授のトビアス・ラインハートの言葉が載っている。

〈十七分冊目の発行によって、『英古文献における中世ラテン語辞書』の印刷・発行は幕を閉じる。一九一三年にウィトウェルによって提案された作業はこの辞書の完成と、欧州地域の中世ラテン語辞書の作成という結果を得た。（中略）一世紀にわたるこの作業の間、数え切れない人々の奉仕と支援を受けてきた。多くの編集スタッフはもちろんだが支援者の中には、ボランティアとして古文献を読み込んでくれた人や公文書館、図書館の司書、印刷業者などが含まれる。彼らの献身的努力がなければ、この辞書は完成しえなかった。この分冊を辞書作成に携わったすべての人々に捧げる〉

辞書の最後の項目は、「zythum」。辞書ではこう説明されている。

「麦芽発酵飲料の一種。（エジプト人の）ビール」

「A」に始まった辞書は、ビールでピリオドが打たれた。

旅の終わり

ロンドン、オックスフォード、そしてダブリンで辞書づくりに携わった人々を訪ねてきた僕は、その「旅」の最後に訪ねたいところがあった。第二代編集長、デビッド・ハウレットの畑だった。

『英国古文献における中世ラテン語辞書』プロジェクトで最も長く編集長を務めたのが彼だった。引退後、後輩に道を譲って辞書づくりからきっぱりと手を引いた彼が、以前会話の中で、「畑仕事と辞書づくりには共通点がある」と語っていたのが印象に残っていた。

二〇一五年二月末のオックスフォードはあいにく朝から雪となった。ハウレットの自宅を訪ねると、「この程度の雪なら畑を案内できる」と彼は言った。

ハウレットの小さな愛車で郊外の畑を目指す。

二十分ほどで畑の入り口に着いた。広々とした土地の向こうに馬が三頭、草を食んでいた。下を見ると薄い雪の合間から所々、黒い土がのぞいている。ここは所有者不在の土地で、地元のコミュニティーが畑として利用しているという。

ハウレットが車のトランクからゴム長靴を二足取り出し、「これをはけ」と目で合図した。車道から約三分、ぬかるみの中を歩いて彼の畑に着いた。

「小さく区分けして、できるだけ多くの種類の野菜や果物を育てるようにしているんです。売るためにつくっているんじゃありません。だから、少しずついろんな種類を育てます。それぞれの性質を知るのは楽しいじゃないですか」

ハウレットが案内してくれる。カシス、ホワイトカラント、グーズベリー、ラズベリー。ベリー類がずらりと並んでいる。

「ラズベリーは植えたばかりです。黄金色をしているでしょう。ストロベリーは二年前に三十キログラム分植えました。ヒマラヤのゴジベリーもあります。タイベリーにブルーベリー。ジャムをつくって、知り合いに分けます。喜んでもらえるのが、うれしいですから」

ゴム長をはいた元編集長はすっかり農家の人である。この姿を見て彼をオックスフォード大学の教授だったと思う人はいないだろう。僕はこう問うた。

「畑仕事と辞書づくりに共通点があると仰っていましたね」

ネギやナスが植わった場所を歩きながら、ハウレットは、「そんなこと言いましたかね」と口にした後こう続けた。

「辞書と畑。何の関係もないように思えるでしょう。たしかにやっていることは全然違います。ただ、畑仕事をしているうちに共通点に気が付いたんです」

僕はハウレットの後をついて畑を歩いた。

「競争のない世界なんです。辞書編集も畑づくりも。競争よりも協力が必要な仕事です」

僕たちは今、紛れもない競争社会を生きている。競争によって、力ある者が勝利し社会が淘汰される。競争があればこそ、活気ある社会をつくることができる。競争がなければ社会や人類の発展は随分、のんびりしたものになりはしないか。

「競争を完全に否定しているわけではありません。競争が必要な分野もあるでしょう。ただ、何もかも競争でいいんでしょうか。競争よりも協力を大切にすべきときがあるはずです。わたしはそんな世界で生きてこられたことを幸せに思いますね」

雪の合間から少しだけアスパラガスとアーティチョークが顔を出している。

静かな平原の向こうで馬が草を食んでいる。

アスパラガスやアーティチョークは地中海沿岸が原産である。それらが英国に渡り、いつしかこの島国に根付いた。ローマから各地に広がった中世ラテン語と似ていなくもない。

ハウレットはここで野菜や果物を植えているだけでなく、堆肥を利用して土をつくっている。この土はいずれこの地に実り豊かな作物を与えるだろう。後世のために土台づくりをしている点、そして、身体を動かしている点。たしかに辞書編集とそっくりではないか。

彼はほぼ毎日、この畑に来る。畑の横に自分で掘っ立て小屋をつくり、雨風をしのげるよう工夫している。畑仕事に疲れたときは、この小屋に入って遠くの馬を眺めて過ごす。

「手をかければかけるほど、良質のものができる。それも辞書づくりと同じです」

ハウレットがこの畑の近くに引っ越してきたのは一九八六年だった。それ以前はオックスフォードの別の場所に住んでいた。畑を借りたのは退職の二年前である。

「畑仕事に興味はあったんです。ただ、辞書をつくっているときは時間がなかった。辞書の仕事も好きでしたから」

彼は中世ラテン語辞書の編集長になる前、『オックスフォード英語辞典（ＯＥＤ）』を編集している。辞書づくりに携わった年数は計三十三年になる。

「辞書づくりも畑と同じく趣味だった気がします。お金をもらって遊んでいたんですかね。それほど楽しかった。いつも満足感に浸っていました」

楽しいことだからこそ継続が可能だった。正しいから、後世のためになるから、と気負っていては続かなかったはずだ。人間は正しいことを理由に続けられるほど聖人ではない。

この辞書プロジェクトの最大の価値はどこにあるのだろう。

「やり終えたことでしょうね。こうした息の長いプロジェクトは終わらないこともある。計画がスタートした後、社会状況が変化してスタッフが入れ替わる。始めたころの熱は冷めます。明確な目的意識が共有されていなければ続かない。社会にとっての精神的訓練です。ジムに行って運動をしますよね。それと同じように、社会はこうした知的活動を続ける必要があると思います。それを続けることで社会は健全な体を維持できるんじゃないでしょうか」

現代人は身体を正常に維持するためジムで運動したり、ヨガをやったり、公園をジョギングしたり、プールで泳いだりしている。それと同じように社会は正常さを保つため、辞書づくりや畑仕事のような競争原理から距離を置いた活動を必要としているのではないか。百年にわたって英国人が中世ラテン語のために積み上げてきた時間、労力、エネルギーは社会を極端に走らせないため、正常な判断のできる状態に置くために費やされたように僕には思えた。

畑横の小屋に入り、二人で木製の長椅子に腰掛けた。深呼吸をすると、刺すような空気が肺に届いた気がした。

遠くに目をやっていたハウレットがつぶやくように口にした。

「モヌメントゥム・アエレ・ペレッニウス」

完成した辞書をラテン語で表現していた。

「青銅よりも永遠なる記念碑」

さびることなく時間に耐えうるものという意味である。時間をかけてつくったものこそ時間に耐える権利を持つ。
遠くで小さく電車の音がした。
雲間から薄日が差した。
草を食む馬が神々しい。
「青銅よりも永遠」
ハウレットの顔は幸福感に満ちていた。

以上、敬称略

おわりに

『英国古文献における中世ラテン語辞書』プロジェクトを知った経緯は本文でも触れている。

ロンドンに赴任して二年半以上になり、英国人の素朴な生き方、英国や英語の歴史に興味が湧いていた。当時、僕はロンドンで発刊される新聞の多くに目を通していた。毎朝、大量の新聞を抱えてカフェに入ってページを繰る。それを毎日続けていると、いつの間にか見出しを見ただけで、その記事が自分にとって関心のあるものかどうか、ある程度見分けがつくようになる。

「中世ラテン語辞書プロジェクト完了　百一年ぶり」

といった見出しだったと思う。さほど大きな記事ではなかった。辞書作成作業そのものはその前年に終わっている。辞書の完成を祝う式典もそのとき開かれていた。百一年ぶりに終了したのは残務作業を含めた全プロジェクトであり、残ったスタッフは第三代編集長一人だけになっていた。大きなニュースとして取り上げるにはインパクトに欠ける面があったのかもしれない。

記事の大きさの割に、この見出しを目にした僕の衝撃は大きかった。大げさではなくドキンとしたと言ってもいいほどだった。百一年もかけて辞書をつくり続けたのはどんな人たちだったのだろう。記事本文に目を走らせると、辞書の言語採取には多くの英国人が無報酬で参加してきたというではないか。こんなに長いプロジェクトに多くの市民が無報酬で参加する。しかも百年をかけてつくられた辞書の価格が六百九十ポンド、当時のレートで十二万円ほどである。どれだけ売っても百年間の制作費用を回収できるはずはない。ではなぜ、プロジェクトは計画されたのだろう。どうして報酬もないのに市民が言葉集めに参加したのか。一体、この国に何があったのか。英国人とはどんな国民なのだろう。次々と疑問が膨らんだ。

英国の辞書づくりには以前から関心があった。『オックスフォード英語辞典(OED)』を知っていたためだ。最近ではOEDが新しい言葉を電子版に追加し、たびたびニュースになる。例えば、二〇一七年九月には、「worstest」という言葉が追加された。これは、「bad」の最上級「worst」に「est」を付けた言葉である。「超最悪」ということになるだろう。

こうしたニュースに触れながら、ＯＥＤの編集については漠然とした興味を持っていた。ＯＥＤを取材することで英国人のものの考え方に触れられるかもしれないと思っていた。ただ、この辞書については、すでに多くの本が書かれ、中には邦訳されたものもある。それらはＯＥＤの歴史から社会的役割、歴代編集者の人間ドキュメンタリー的なものまで多種多様だ。今さら日本人ジャーナリストが突っ込んで取材する意義は薄く、興味はあったが実際に取材する気は起きなかった。

英国は十九世紀以降、熱心に各種の辞書をつくってきた。ＯＥＤ以外で取材する価値がある辞書はないだろうか。できれば辞書を通して英国人の思想に切り込むことができればありがたい。こう考えていたときに、「中世ラテン語辞書」のニュースに出会った。以前から頭にあった辞書への関心のうえに、今回の辞書が降ってきた。パッと火花が散って炎が立ち上がるように興味は高まった。それがドキンとするほどの衝撃になった。

過去に編集に携わった人々の多くは、すでに仕事の一線から退き、比較的時間の都合はつきやすかった。取材を申し込むとほぼ全員、積極的にインタビューに応じてくれた。

一方、プロジェクト初期のことについて事実確認することは難しかった。本文でも紹介したが最も早い時期を知るアブリル・パウエルでも編集に加わったのは一九六七年。プロジェクトがスタートして五十四年後である。ボランティアとして言葉を集めた人に話が聞きたいと探し回ったが、英国学士院関係者や歴代編集長もその情報は把握していなかった。中世ラテン語の採取作業は六〇年代でほぼ終わっている。もはや一人も生き残っていない可能性も強い。結果的にはボランティアに行き着くことができず、言語採取については文献を読むしかなかった。

辞書作成に関わった人々へのインタビューは楽しかった。編集者たちは例外なく、辞書づくりを思い返し、「楽しかった」「至極の時間だった」と話した。それを聞く僕もまた、かけがえのない時間を過ごしているように思えた。

英国には今も階級社会が色濃く残っている。今回、僕がインタビューした人々は、ラテン語を専門にしていることもあり、ほぼ例外なく知的階層に属する人たちだった。インタビューでは時折、ラテン語の警句が飛び出した。たびたび食事に誘われ、これも英国人の礼儀、習慣なのかと思った。一緒に食事をしながら、英国の知識人たちが普段何を考え、どんな冗談を口にするのか知ることも興味深かった。

日本に帰った後しばらくインタビューした内容を放っておいた。日本で暮らしてニュースを追いかけているとき、時折、インタビューした編集者や学士院の人々の言葉が思いだされた。そのあたりの心境についてはすでに触れているので、詳しくは述べない。ただ、日本社会に彼らの言葉を届けたいという気持ちが湧いてきたのはたしかだった。今、こうしたかたちでそれが届けられたことをうれしく思う。

英国は十八世紀後半、世界に先駆け産業革命を起こしたことで豊かな国をつくり上げた。世界中に植民地を広げ、大英帝国は七つの海を支配した。しかし、二十世紀に起きた二度の世界大戦によって国力を低下させ、世界の覇権を米国に明け渡すことになった。第二次世界大戦後は民族自決運動の潮流もあり植民地を次々と手放した。現在では人口約六千五百万人、国内総生産（ＧＤＰ）は世界第五位である。世界の覇権を握っていた超大国から、「普通の国」に国力を縮小させている。

では、日本人にとって英国から学ぶべきものはないのか。僕は国力を低下させている国であるからこそ英国を知る価値があると思っている。日本人が坂の上の雲にあるだろう豊かさを目指して、がむしゃらに突っ走っていた時代なら、英国を知る必要はなかったかもしれない。ただ、日本は英国同様、下り坂にさしかかっている。落ちていくのは辛いことか。ＧＤＰの数値だけが幸せなのか。昇っていくエネルギーに満ちあふれた社会から転換を余儀なくされた今、下り坂を行く先輩として目の前に英国がある。何しろ下り坂に入った年期が違う。下りながらも一人一人が幸福を感じる生き方を探るために英国人の知恵を借りない手はない。

もちろん国としての英国、そして英国人社会には、日本同様悩みや課題が少なくない。

二〇一九年三月に予定されている欧州連合（ＥＵ）からの離脱は双方に痛みを与えそうだ。政治的ポピュリズムの拡大で政府は落ち着いた政策実行が難しくなっている。移民の増加で社会に宗教や民族による憎悪感情が高まっている。こうした傾向はどの先進国にも共通した問題になっている。

それでも僕はロンドンに暮らしながら、英国人の素朴さに癒やされることが多かった。大きなお金を使わずとも、仲の良い者同士で近くの公園を散歩したり、庭の花に手を入れたりしながら落ち着いた時間を過ごす人は少なくなかった。黄昏の国から学ぶことは多いように感じた。

例えば、『スラムドッグ＄ミリオネア』でアカデミー監督賞を獲得したダニー・ボイルにインタビューしたときのことである。彼はロンドン五輪開会式の芸術監督を務めるなど当時、多忙を極めていた。インタビューをゆっくりとこなしたボイルは、そのまま一人で街に出て行こうとした。聞くと、地下鉄に乗って次の予定地に行くのだという。運転手付きの黒塗りの車に乗ることや、自分でスポーツカーを運転することにはさほど魅力を感じていないようだった。

映画監督で言えば、ケン・ローチの事務所を訪ねたときにも同じような感覚を味わった。ローチは『麦の穂をゆらす風』と『わたしは、ダニエル・ブレイク』で二度のカンヌ映画祭パルムドールを取った名監督である。事務所を訪ねると、ローチはまず、「紅茶ですか、コーヒーですか」と僕にたずね、自分でコーヒーを入れてくれた。彼くらいになると、秘書を雇うことは何でもないはずだ。ただ、コーヒーのためにお湯を沸かしている彼の背中を見ていると、身の回りのことは自分でやりたいという意思が伝わってくる気がしたものだ。

中世ラテン語辞書をつくり上げた人々と接する中、ボイルやローチに似たものを感じることが多かった。大きな経済的成功を求めるのではなく、派手なことから距離を置き、素朴の中に小さな幸せを見つける生き方である。僕はそれが伝えたかったのだと思う。

『英国古文献における中世ラテン語辞書』の編集者や英国学士院関係者、ＯＥＤ編集者、『ケルト古文献における中世ラテン語辞書』編集者の協力なしにはこの本はできなかった。快くインタビューに応じてくれたうえ、事実確認のための度重なる質問にも丁寧に答えてくれた。約束の時間に訪ねると必ず、資料を用意するなど準備をして待ってくれていた。インタビュー前に読んでおけば役立つ資料をわざわざ送ってくれる人もいた。英国人の時間に対する厳格さ、相手を思いやる心遣いに驚かされることが少なくなかった。深く感謝している。

帰国して日本でラテン語研究者や辞書編集者、日本語研究者や言葉や文化、歴史に造詣の深い人々を訪ねた。彼らの協力があって初めて、ラテン語の辞書を材料に日本社会を考えることができた。多忙な中、時間を割いてもらえたことに感謝の念は絶えない。

ロンドンで暮らしていたころ、プレジデント社編集者の中嶋愛さんが時折訪ねてきた。共通の知人を介して交流があり、僕が中世ラテン語辞書プロジェクトを取材している話をすると、すぐに関心を持ってくれた。ラテン語に馴染みの薄い日本人に、このテーマを理解してもらうことについて彼女から貴重なアドバイスをもらった。中嶋さんの支援がなければこの原稿はできなかった。ありがとうございました。

英国の人々は中世の思想を後世に残すため、この辞書をつくった。その作成に関係した人々の思いは時空を超えて日本人に伝わることになった。彼らの生き方や考え方から何かを感じてもらえれば、作者としてそれに勝る幸せはない。

最後に、辞書づくりの基礎を支えた無名のボランティアの人々に敬意を表して筆を置きたい。

東京都北区田端の自宅にて

二〇一九年早春

主要参考文献

▽日本の新聞
毎日新聞

▽英国の辞書・新聞
『オックスフォード英語辞典』
『英国古文献における中世ラテン語辞書』
サンデータイムズ、ガーディアン、インディペンデント

▽日本語の辞書・本
『縮写版　大漢和辞典』諸橋轍次著（大修館書店、一九六六年）
『広辞苑』第七版新村出編（岩波書店、二〇一八年）
『明鏡国語辞典』第二版北原保雄編（大修館書店、二〇一〇年）
『ラテン語の世界　ローマが残した無限の遺産』小林標著（中公新書、二〇〇六年）
『はじめてのラテン語』大西英文著（講談社現代新書、一九九七年）
『ラテン語のはなし　通読できるラテン語文法』逸身喜一郎著（大修館書店、二〇〇〇年）
『ギリシャ・ラテン文学　韻文の系譜をたどる15章』逸身喜一郎著（研究社、二〇一八年）
『ことばへの情熱　ジェイムズ・マレーとオクスフォード英語大辞典』K・M・エリザベス・マレー著、加藤

知己訳（三省堂、一九八〇年）
『サミュエル・ヂョンスン伝　上・中・下』ボズウェル著、神吉三郎訳（岩波文庫、一九四一年）
『ジョンソン博士の「英語辞典」世界を定義した本の誕生』ヘンリー・ヒッチングズ著、田中京子訳（みすず書房、二〇〇七年）
『英国文化の巨人　サミュエル・ジョンソン』江藤秀一、芝垣茂、諏訪部仁編著（港の人、二〇一〇年）
『英米における辞書の歴史』早川勇著（Ｔｅｘｎａｉ、二〇一五年）
『辞書の世界史』ジョナサン・グリーン著、三川基好訳（朝日新聞社、一九九九年）
『辞書の世界史　粘土板からコンピュータまで』トム・マッカーサー著、光延明洋訳（三省堂、一九九一年）
『博士と狂人　世界最高の辞書ＯＥＤの誕生秘話』サイモン・ウィンチェスター著、鈴木主税訳（ハヤカワ文庫ＮＦ、二〇〇六年）
『そして、僕はＯＥＤを読んだ』アモン・シェイ著、田村幸誠訳（三省堂、二〇一〇年）
『辞書をよむ』今野真二著（平凡社新書、二〇一四年）
『福翁自伝』福澤諭吉著（ＰＨＰ研究所、二〇〇九年）
『言葉の海へ』高田宏著（岩波書店、同時代ライブラリー、一九九八年）
『達人の日本語』北原保雄著（文春文庫、二〇〇五年）
『問題な日本語　どこがおかしい？　何がおかしい？』北原保雄編（大修館書店、二〇〇四年）
『単刊回顧　北原保雄主要著作前文跋文集』北原保雄著（二〇一七年）
『「大漢和辞典」を読む』紀田順一郎編（大修館書店、一九八六年）
『諸橋轍次博士の生涯』諸橋轍次記念館編、鎌田正監修（新潟県南蒲原郡下田村役場、一九九二年）

『大漢和辞典と我が九十年』鎌田正著（大修館書店、二〇〇一年）
『なるほどがってん　日本語１０１話』倉島長正著（東京新聞出版局、一九九六年）
『「国語」と「国語辞典」の時代　上・下』倉島長正著（小学館、一九九七年）
『日本語ぽこりぽこり』アーサー・ビナード著（小学館、二〇〇五年）
『知らなかった、ぼくらの戦争』アーサー・ビナード編著（小学館、二〇一七年）
『日々の非常口』アーサー・ビナード著（新潮文庫、二〇〇九年）
『英語達人列伝　あっぱれ、日本人の英語』斎藤兆史著（中公新書、二〇〇〇年）
『辞書に載る言葉はどこから探してくるのか？　ワードハンティングの現場から』飯間浩明著（ディスカヴァー・トゥエンティワン、二〇一三年）
『17歳のための世界と日本の見方　セイゴオ先生の人間文化講義』松岡正剛著（春秋社、二〇〇六年）
『知の編集術』松岡正剛著（講談社現代新書、二〇〇〇年）
『知の編集工学』松岡正剛著（朝日文庫、二〇〇一年）
『北京で二刀流　ヤットウ先生の中国若者ウォッチング』森田六朗著（現代書館、二〇一四年）
『講談　英語の歴史』渡部昇一著（ＰＨＰ新書、二〇〇一年）

▽インターネットのホームページ
『英国古文献における中世ラテン語辞書』（http://www.dmlbs.ox.ac.uk/）
『ほぼ日の学校』（https://gakkou.1101.com/）
『松岡正剛　千夜千冊』（https://1000ya.isis.ne.jp/top/）

小倉孝保（おぐら・たかやす）

一九六四年滋賀県長浜市生まれ。八八年毎日新聞社入社。カイロ、ニューヨーク両支局長、欧州総局（ロンドン）長、外信部長を経て編集編成局次長。一四年、日本人として初めて英外国特派員協会賞受賞。『柔の恩人 「女子柔道の母」ラスティ・カノコギが夢見た世界』（小学館）で第18回小学館ノンフィクション大賞、第23回ミズノスポーツライター賞最優秀賞をダブル受賞。著書に『初代一条さゆり伝説 釜ヶ崎に散ったバラ』（葉文館出版）、『戦争と民衆 イラクで何が起きたのか』（毎日新聞社）、『大森実伝 アメリカと闘った男』（同）、『ゆれる死刑 アメリカと日本』（岩波書店）、『三重スパイ イスラム過激派を監視した男』（講談社）、『空から降ってきた男 アフリカ「奴隷社会」の悲劇』（新潮社）、『がんになる前に乳房を切除する 遺伝性乳がん治療の最前線』（文藝春秋）がある。

100年かけてやる仕事

2019年3月22日　第1刷発行

著　者	小倉孝保
発行者	長坂嘉昭
発行所	株式会社プレジデント社
	〒102-8641　東京都千代田区平河町2-16-1
	電話 編集（03）3237-3732
	販売（03）3237-3731
装丁	クラフト・エヴィング商會
本文・DTP	アーティザンカンパニー株式会社
編集	中嶋 愛
制作	関 結香
販売	桂木栄一　高橋徹　川井田美景　森田巌　末吉秀樹
印刷・製本	凸版印刷株式会社

ISBN978-4-8334-2315-1
Printed in Japan